U0937876

[美] 斯考特·D. 安东尼
（Scott D. Anthony）著
吴红敏 译
钮晓鸣 校

THE LITTLE BLACK BOOK OF INNOVATION

How It Works, How to Do It

28天学创新

袖珍黑皮书

哈佛商业评论出版社原版全文引进

上海大学出版社

图书在版编目(CIP)数据

28 天学创新：袖珍黑皮书/(美) 斯考特 · D. 安东尼(Scott D. Anthony)著;吴红敏译. —上海：上海大学出版社,2017.1

(上海产业技术研究院战略咨询丛书)

ISBN 978-7-5671-2552-0

Ⅰ.①2… Ⅱ.①斯… ②吴… Ⅲ.①企业管理-研究 Ⅳ.①F272

中国版本图书馆 CIP 数据核字(2016)第 287200 号

上海市版权局著作权合同登记图字：09-2016-513 号

The Little Black Book of Innovation: How It Works, How to Do It

by Scott D. Anthony

Published by arrangement with Harvard Business Review Press

ISBN 978-1-4221-7172-1

The "masters of innovation" line drawings, in Chapter 2, are by Alexander Rothman.

版权引进 刘 岚

责任编辑 刘 岚

封面设计 柯国富

技术编辑 章 斐

28 天学创新：袖珍黑皮书

[美] 斯考特 · D. 安东尼(Scott D. Anthony) 著

吴红敏 译

钮晓鸣 校

上海大学出版社出版发行

(上海市上大路 99 号 邮政编码 200444)

(http://www.press.shu.edu.cn 发行热线 021—66135112)

出版人：戴骏豪

*

南京展望文化发展有限公司排版

上海华教印务有限公司印刷 各地新华书店经销

开本 850×1168 1/32 印张 8.75 字数 180 千

2017 年 1 月第 1 版 2017 年 1 月第 1 次印刷

ISBN 978-7-5671-2552-0/F · 161 定价：35.00 元

本书一如既往地献给乔安妮

前 言

2010年中，我做了个试验。试验对象就是我在创见公司（Innosight）的同事们。这是一家以创新为专长并提供专业服务的公司。我告诉他们，试验的目的是了解他们会向自己的同事推荐哪些关于创新的书籍。我拿出10本书询问了他们的意见。这10本书我称为“创见加农炮”，这个比喻也许不十分恰当，其中有5本是创见公司创办者之一的克莱顿・克里斯坦森（Clayton Christensen）撰写的，2本是创见公司董事会成员理查德・佛斯特（Richard Foster）撰写的，另外3本是创见公司的管理团队成员撰写的。我对每本书都做了一张调查问卷，让受访者回答他们是否研读了整本书，或读了大半部分，或大概浏览了一下，还是根本就没读过。

其中有3本之所以引起我的关注，是因为书中大多数内容与我们的员工最相关——《创新者的解答》（*The Innovator's Solution*，这本书是创见公司几乎所有业务的理论基础）、《创新者的成长指南》（*The Innovator's Guide to Growth*，按步骤解释我们如何做好工作的一本手册），以及《捕捉空白点》（*Seizing the White Space*，那时候是创见团队最新的著作）。但我的调查结果显示，在那些每天的工作就是建议客户如何进行创新与增长的专业顾问中，只有一半的人读过这3本书或是其中的大部分。(亲爱的客户,你们不用焦虑!我们公司的实习模型与专业培训计划能够确保我们的顾问们都提供一流的服务!)这个试验结果也不算非同寻常。有一个出版商就曾告诉我,她的调查数据显示,所出售的商业类书籍中有90%在读者买回家以后就被束之高阁了。

这就是我要写这本书的原因。创新日益影响着我们所有人。数十年的研究与实战经验能将创新指引向成功之路。我的目标就是做这样的引导工作,通过分享我过去10年中收集积累的轶事,让广大读者更容易理解创新并进行创新。我希望这本关于创新的袖珍黑皮书每天都能为读者提供参考,帮助他们进行一些改变,从而获得商业的成功或者实现个人生活的美满。我目睹过这些方法是如何帮助一些大企业、企业家以及我的朋友与家人的,我希望这本书也同样会助你一臂之力。

目 录

引言

我的创新之旅

我的个人创新之旅为这本《28 天学创新：袖珍黑皮书》奠定了基础。那次旅程是于 2000 年 10 月 20 日星期五，在一架航班上郑重开启的。我没有照片留念，也没有写下详细的日记，但是这个特别的时刻很巧合地能与一个重要活动联系在一起，那就是 2000 年 10 月 21 日，珍珠酱（Pearl Jam）乐队在菲尼克斯市的沙漠天空馆举行的演唱会。①

在我的随身行李里装着一本哈佛商学院教授克莱顿·克里斯坦森所著的《创新者的窘境》（*The Innovator's Dilemma*）。在哈佛商学院学习的第二年里，我第一次参加了克里斯坦森的实验性课程——建立一个持续成功发展的企业。②

---

① 我不得不做了一个小调研确认了一下，那场音乐会其实发生在星期六。谢谢 setlist. fm 网站！我从这个网站上了解到，我去听的这一场演唱会上珍珠酱乐队难得现场演唱了《The La's》专辑收录的歌曲“永恒的旋律”（珍珠酱乐队总共 10 次现场演唱了这首歌，这是其中 1 次）。互联网的无用信息却使我写作的经历变得更愉悦。在这里向阅读这些脚注的读者们问好。你会发现这里的脚注并不是学术性的引经据典，而都是一些附加说明或是个人评语。除非在脚注中另加介绍，本书中讨论内容之来源及参考文献都列在附录与注释中。

② 那一年有两个班设置了“建立一个持续成功发展的企业”（BSSE）这门课，每班 80 人，都由克里斯坦森授课。到了 2009—2010 学年，有 7 个班，每班 100 人，由克里斯坦森和 3 位受人尊敬的前高管组成的 4 人团队授课。换言之，2010 级哈佛商学院 880 名学生中有超过 75％的人上了 BSSE 这门课。而我可以说是创新文献里所称的“尝鲜者”。

第一天的课程就十分有趣。克里斯坦森缓慢走进教室，他那 6.8 英尺的身躯要耸肩低头才刚好穿过那道门。尽管他身材高大，说话语气却很柔缓。他说那段时期最令他激动的事情要数观看公爵队的比赛了，因为他的大儿子正在公爵队担任中卫，他的大儿子比他还高 1 英寸。[①] 然后他做了一件在 2000 年的哈佛商学院显得挺落伍的事情——他竟然花了整整 60 分钟，利用装在天花板上的投影仪和幕布，用做报告的形式阐述了他的研究与核心理念。这与大多数以互动和讨论案例的形式上课的哈佛商学院课程相差甚远。有些人觉得索然无味，开始走神。而我却前倾着身体，听得津津有味，觉得克里斯坦森的课丝丝入扣、引人入胜。

星期五，在那架飞往菲尼克斯的航班上，我读着《创新者的窘境》一书。要说那次飞行改变了我的生活似乎有点俗套，但是我这么说也是有道理的啊。我对于克里斯坦森的研究和他的观念越发充满激情。在哈佛商学院的最后一个学期，我为克里斯坦森做了一个独立研究项目，毕业后加入了他的研究团队并主管一部分研究活动，与他合著了一本书，并在 2003 年加入了他与合作伙伴于 2000 年创立的专业服务公司——创见公司。

我觉得克里斯坦森的研究总是令人振奋。我以前持有的

---

① 公爵队后来赢得了 2000—2001 NCAA 冠军，克里斯坦森的儿子麦特在常规赛季中平均每场比赛上场 8.4 分钟、得 2.6 分、1.3 个篮板球。麦特后来跟我们共事了几年，然后去了哈佛商学院，创立了一家叫玫瑰园的公司，利用他父亲的研究做证券投资。

观点——相信跟很多读者一样——就是创新与增长是随机发生的。现在有人利用多种多样的案例研究与学术研究证明了与之相反的论点。克里斯坦森向我们展示了可以支配成功与失败的一些模式。也就是说,如果努力学习并运用这些模式,人们就可以提高他们的能力,从而通过创新获得成功。我不久之后就发现有一小群学者与实践家正共同努力将创新建设成一门可被预测的学科,克里斯坦森便是其中之一(第 2 章会详细介绍这个群体的几位成员)。

将可预测性引入创新的概念立即让我产生了共鸣,说实话,我当时也说不上为什么,但后来终于搞清楚了原因。原来早在 1995 年,我就遇到过自己的创新者窘境,就已有了理解创新这门学科的需求。

我早期的创新经历

到现在我已经专注于创新有 10 多年了。在过去的 10 多年里,我做过研究者、作家、大企业或小公司的战略顾问,在美国和亚洲都经商办企业,同时还是初创企业的投资人。但我的创新经历其实比这些经历都要早;创新实际上从我出生开始便围绕着我。我懂事后就知道,我的祖父(在本书第 1 章里你们会进一步了解他)早在 20 世纪 60 年代就创建过一个极富创新精神的商业模式。20 世纪 80 年代后期,我的母亲开创了一种叫中继网络(RelayNet)的业务,这可以说是互联网的初期形式。如果在另一个宇宙,她会成为美国在线

(America Online)的创始人史蒂夫·凯斯(Steve Case),把中继网络以数十亿美元的价格卖给时代华纳(Time Warner)(不幸的是,在这个宇宙,她只是把所有权免费转移到了另一块公告牌上)。我母亲还曾在20世纪90年代早期出售过一个出版计划。她的想法是出版一套"启动与运行丛书"(*Up and Running*),从简单的语言开始,一步一步地教读者学习使用电脑。当时的出版商认为这样的书卖不掉。可后来"傻瓜系列"计算机图书售出了几千万本……还好我母亲找到了另一件事情去倾注她的精力与热情——她养了好多拉布拉多冠军犬,总算让我们的家人获得了心理平衡。

在我的成长历程中,我们家永远是新技术的尝鲜者。我记得用雅达利2600游戏机玩"外星人入侵",用Commodore 64玩"垒球微联赛",用Apple Ⅱ苹果电脑玩"一对一:乔丹对伯德",还有用任天堂玩Tecmo棒球游戏。[①] 我青少年时期在中继网络上也十分活跃,甚至编写过一个应用程序,竟然有个可怜人付了25美元来注册。[②]

现在进入我的大学时期,定格在我的创新者窘境那一幕。

---

① 花点时间说说安东尼家族。任天堂是我用自己赚的钱买的第一个东西(不包括父母给的生活费)。我的收入来源吗?是修整草坪。我得到第一份修整草坪的工作(12岁时),要感谢学校按字母顺序排列的通讯录。有人打电话给我,问我是不是修整草坪的。我问父母我能做吗?他们说当然可以。他们提供了主要设备(割草机),我也不用上缴我的收入。几个星期以后,我就玩上了"玛丽兄弟"。

② 这个应用在当时被称为"论坛门户"。它可以让用户进入美国国家橄榄球联盟比赛竞猜池,看谁能正确猜中每周比赛的结果。如果我没记错,免费版是完全随机的;订阅版是可以让用户进入真实的比赛日程进行竞猜的。我已经不记得我是否去兑现了那唯一的一张订阅支票。

白天，我是一个主修经济学的学生，我很认真地学习。晚上，作为一名事件报道的记者，我活跃在达特茅斯大学每周出版5期的报纸《达特茅斯日报》(*The Dartmouth*)的编辑室里。说实话，我加入这家报社是因为我来达特茅斯上学的时候对自己承诺过，我一定要参加一个严肃的课外活动。尽管我很乐意来到达特茅斯大学，但我的本科入学申请被哈佛大学和斯坦福大学拒绝了，我还是感觉很受伤。[①] 对我来说，我遭到拒绝的原因很明显，那就是我高中时期最重要的校外活动就是作为(当时还年轻的)约翰·麦登(John Madden)粉丝俱乐部的创始人来组织一些活动。[②]

1995年，作者在《达特茅斯日报》工作，于休息时间拍摄

1992年的秋天，我无意间逛进了位于罗宾逊大厅的报社办公室，我立即被深深地吸引住了。几年后，当我开始从事管理咨询工作时，我很快就发现从事新闻和咨询工作有很多共

① 我在斯坦福大学的申请全军覆灭——不管是商学院还是管理教育专业(它声称没有咨询专业)。我现在的想法就是哈佛大学和斯坦福大学的商学院暗中串通好了来确保它们的高产出(接受招收通知的学生所占比例)，他们约定哈佛大学招收的是有着偶数社会保险账号的学生。我还怀疑月球登陆是否真的发生过。我是认真的。

② 可悲的是这并不是个笑话。有些读者可能并不是美式足球的爱好者，所以不知道麦登在20世纪70年代是奥克兰袭击者队的教练，1979—2008年是一位广受尊敬的电视播音员。他还授权一个流行的艺电电子游戏系列用他的名字。

同点，那就是你都得在很短的时间内去解决一个问题。你尽可能多地收集数据，综合这些数据，然后用一个简单易懂的形式去展现。我几乎把所有的空闲时间都花在这份报纸上了，最后终于升职做了主管，负责报社的编辑部。

其实，我在校的那段时期，一场技术革命开始萌动。1995年8月9日，网景通信公司(Netscape)首次公开上市，这实际上标志着互联网经济时代的开端。达特茅斯大学校园就算在那个时代也称得上是相当网络化的——每个学生需要配备电脑，几乎所有的校园通信都通过一个简单却无处不在的叫做BlitzMail的电子邮件程序完成。由于我是一个喜欢鼓捣小发明的人(我修过网站设计课程，然后设计了一个我幻想的垒球队网站)，我们报社的社长即我的终身好友贾斯汀·斯坦门(Justin Steinman)让我为报纸的网络化运营制订一份战略计划。

回头再看1995年我胡诌的那篇阐述了所谓战略的报告，我真是深感不安。报告一开始分析了为什么我们是最晚开始办网络报纸的常春藤联盟高校报社之一。我掰出的原因让自己都不敢再看下去："我们的人员相对较少，网络建设也不是我们优先考虑要做的事情之一。"贾斯汀看完了整篇报告，并指出我们应该每周才更新一次网络内容，因为"《达特茅斯日报》能通过读者的订阅赚到不菲的收入"。

贾斯汀的评语是什么意思？网络新闻更新太快可能会威胁我们报社商业模式的核心。事实上，我们报社每年25万美元的收入中有大约2/3来自读者的订阅费。当我们首次触及互联网时，我们的第一反应是害怕。我们害怕把报纸的内容免费上传到网站后会发生什么，我们也不知道如何收取费用。正是害怕让我们行动迟缓。

当然，我们还是克服了害怕的情绪。毕竟，我们只是一帮大学生，不必担心达不到行业分析者的预期，或是需要在董事会上为我们的10年发展方案辩护。那么我们的决定是什么？我们有没有把这件事情当作一个机遇，去挣脱把我们禁锢在新罕布什尔州汉诺威乡村的枷锁？我们是否说过“太酷了！这正是一个重塑自己的机会，尝试去做非同寻常的事情”呢？不幸的是，我们没这样说过。

我在1995年的报告中说：“浏览互联网的人们如果看到我们的网站会说，‘哇，我想要订《达特茅斯日报》’。”

我们本应该做一件很酷且无与伦比的事情，最终却把这项技术削足适履，勉强塞进了老套的业务中。我和自己所在的《达特茅斯日报》团队曾经有一个利用互联网重塑我们业务的机会，然而我们把它完全搞砸了。机遇就在那儿，而我们错失了它。

限制创新的代价

在过去10年中，我逐渐认识到我们是属于一个大俱乐部的，可以称之为创新崇拜者俱乐部。它的成员都曾经有机会创新成功，创造出令人激动的新事物与商业模式，并将它发展成富有活力和赢利丰厚的企业，然而失败了。我的母亲就是这个俱乐部的成员。克里斯坦森的研究表明,风光一时的企业,如数字设备公司(Digital Equipment Corporation)、西尔斯·罗伯克百货公司(Sears, Roebuck and Co.)、索尼(Sony)、百视达(Blockbuster)、通用汽车公司(GM)等的首席执行官们,也属于这个俱乐部。那些意识到自己的个人生活应当有所改变并为之不懈奋斗的人们亦属于该俱乐部。

我们都希望自己隶属于另一个俱乐部,可以称之为创新精英俱乐部。不论是因为幸运还是技能,似乎少数优选者才能掌控创新。在我们这个时代,偶像级别的创新者当然要属苹果公司的史蒂夫·乔布斯(Steve Jobs)了。我从没有见过他本人,所以无法给出关于他的特别的洞见。他总是被描述成一位富有创造力的天才,能看到别人无法看到的事物,然后通过坚强的意志力,集结资源去实现他所期望的愿景。如果把具备乔布斯的天赋看作成为创新者的唯一希望,我们就命中注定要失败了,我们将永远都不可能越过那条拦在创新精英俱乐部门口的绒绳了。

那条绒绳有着非常重要的意义,它拉动着整个世界经济的发展。创业家们感到他们必须割出公司的一大笔钱给风投,才能获取一点儿成功的希望。企业则花费数十亿美元的广告费,去销售那些消费者们并不真正需要的产品。而在绝望中寻求增长的公司只能拼命收购,尽管研究已经清楚地表明,大手笔的收购通常是会减少价值的。

大企业有能力,而且也经常做出一些令人叹服之举。但这些企业所做的也只是蜻蜓点水。它们的人员天赋、实验室技术，以及它们在全球的能力都没得到充分发挥，这些都因为害怕与误解而受到限制。本可以重塑市场并产生巨大价值的诸多绝佳业务只停留在 PPT 文件里，没有机会启动。当然，对于个人来说，想要改变，也需要付出巨大的精力，所以很多人知道他们需要改变，但就是做不到。

《28 天学创新：袖珍黑皮书》概览

你不必非得成为史蒂夫·乔布斯才能获取创新的成功。过去 10 多年与企业家、创业者、政府领袖打交道的经验使我确信，每个人、每家公司都有惊人的创新能量，只有少数发挥了他们全部的潜力。而创新是能够由更多的人来掌握的。

好消息是，借用 20 世纪 90 年代热门的电视剧《X 档案》中的一句台词，“真相就在外面”。你可以在已经破解了很多创新密码的学者的著作里找到它，也可以向超前思维的实践家们学习，他们会将学者们的研究成果付诸实践，推断出作为当今商业世界一部分的实验室里所发生的故事。

对于外行来说，要学到这么多知识是很困难的，因为它们夹杂在那些高深著作的字里行间，更有甚者，蕴藏在个人的脑海中。这本关于创新的袖珍黑皮书的目标就是要解决这个问题，通过提供一些工具并建立你的信心来将你的梦想变为现实，这样做更实在些。

我将这本书的内容分为两个部分。第 1 部分是这本书的基础。第 1 章介绍了创新的必备知识——什么是创新，为什么我们需要创新并且可以善于创新。第 2 章介绍了 12 位创新大师，他们的工具应成为每个人必备的手册。第 3 章和第 4 章则利用这些工具来详细说明能让创新成为可能的 4 种思维方式与需要避免的 7 个陷阱。

第 2 部分的内容是 28 天的创新训练课程。每一天的课程都提供实用的工具来回答想要成为创新者的人所面临的最常见的一些问题。课程分为 4 周的学习计划：

- 第 1 周：发现机遇
- 第 2 周：为创新点子绘制蓝图
- 第 3 周：评估测试创新点子
- 第 4 周：往前推进

当然，你不必一定要按照我所建议的顺序来完成这套训练课程，因为教你每天如何做的锦囊都是相对独立的。本书的结论部分有一个归纳了课程主要内容的表格。

这本书不是非常全面，也并没有试图提供一个统一的创新框架。它的目标是让你觉得足以开始尝试，让创新看起来并不是遥不可及的，并指引你前往可以进一步学习的地方。

如果你已经找到了一个创新的机遇，那么这本书接下来的内容对你是最有用的。这个机遇可以是你开始做的一个项目，也可以是多年来困扰你的一个问题。这个问题可大可小，可以是家庭的，也可以是工作上的。选择一种尝试一下，看看你能不能使用上灵感。正如本书第 1 章所论述的，在当今这个快速变化的世界里，擅长创新是必要的。

第 1 部分

奠定基础

第 1 章
创新的必备知识

创新是指做一件独特而有影响的事情，它既越来越重要，又不再像以前那样遥不可及。

创新，这个词散发着乐观的气息。创新可以让我们用新的方法跟朋友和家人沟通。它帮助我们更快乐、更健康地生活。但这个词究竟是什么意思？它究竟有多重要呢？这个章节会给出关于创新的简单定义，描述不同的创新类型，并解释为什么创新是我们这个时代最紧迫的挑战，以及详细说明为什么创新要比很多人认为的更容易触及。

“创新”的定义

过去几年里，我写了几本关于创新的书，加起来差不多有25万字。我回顾了一下，发现在所有这些书中，我都没有对创新给出一个定义。这是一个很明显的疏忽。毕竟你没有告诉读者这是件什么样的事情，也就不能要求他们把这件事情做得更好。

对于一个被到处滥用的词，“创新”缺乏一个明确且持久的定义。2010 年 8 月，一位非常受欢迎的创新博客作家发表了一篇文章，列出了 25 种不同的定义。① 这位作者给出这份清单，当然是想帮助读者了解创新。可是，25 种互相矛盾的定义怎么能帮助那些想要做出创新的人呢？

《新牛津美语词典》(*New Oxford American Dictionary*)对“创新”一词的解释是：“对已有事物进行改变，尤其是指通过引入新的方法。”这倒是一个不错的起点。但是我的定义会更简短些：“独特、有影响”，一共 5 个字。我在本书中就会用这个定义。

这个简短的陈述隐含着一些细微的差别。比如，对于不同的人有必要明确“独特”指的是什么。旁观者清！创新的对象(不管是终端客户还是领导、配偶，或是朋友)才能评判你做的事情是否与众不同。此外，有影响是指什么？用我的话来说，有影响是指一些可量化的结果——可能是利润、工艺性能的改进、对某人生活的可量化的影响，或是完全不同的另一件事物。

注意，有一些词汇并没有出现在我的定义里，比如“技术”；创新包含很多韵味(我会在后面更多地加以讨论)。还要注意“创造”这个词，或是“从没做过的”这个词组，也不在我的

① 说句公道话，这篇登在 blogginginnovation.com 上的文章就是将一些读者的建议收集在一起。这些定义真是五谷杂陈，包罗万象。最简单的要数“价值＋创造力＋执行”，而复杂的则很长：“创造力是想象力有所聚焦时所发生的；创新是创造力有底线时所发生的；企业是创新遇到能力时所发生的；企业精神是将以上所有东西放置在同一辆车里并以激情为燃料时所发生的。”顺便说一下，我倒是推荐大家读一下这篇文章。

定义里。把创新与创造、发明加以区别尤其重要。有一个很流行的概念，就是把创新等同于创造性的想法。创造力是创新拼图游戏中的一片，那是没错。创造力当然在创新过程中起到推波助澜的作用，但是创新是整合了发现机遇、为想法绘制蓝图去抓住那个机遇，以及执行那个想法去获得成果的一整套流程。记住——没有影响力，就不算创新。

一种区分创新与创造力差别的直观方法，就是比较列奥纳多·达·芬奇(Leonardo da Vinci)和托马斯·艾尔瓦·爱迪生(Thomas Alva Edison)。① 这两个人都是天才。如果你翻阅达·芬奇的笔记本，你绝对会被他预见未来的能力所折服。他画出了酷似当代直升机的机械草图。他画的人体结构细致得让人叹为观止。他是一位极富创造力的天才。那么他的想法符合我们对于"创新"的定义吗？不。因为这些想法并没有在达·芬奇的时代产生影响力。这一点很重要，要记住，当我们开始创新时，我们要确保不会陷入一个学术研究的陷阱——不断思考，反复思考，却从不行动。行动才是根本。

爱迪生就做到了这一点。他才是完美的创新者。股票行情收报机及其条码、留声机、白炽灯，以及现代电影工业等都起源于爱迪生在新泽西的实验室。它们都具有独特性，也都具有影响力。我的朋友们，这才是真正的创新。

---

① 这个例子出自我们公司于2007年与联杰公司(Linkage)合作的项目。联杰是一家全球领先的人力培训公司，总部在马萨诸塞州的布灵敦市。我们的合作项目是要简化材料，以便联杰的培训师们用来给客户企业内部的培训班上课。联杰团队的一位成员完成了这个比较案例。

3个关于创新的故事

请允许我介绍一下我的祖父——老罗伯特·N.安东尼(Robert N. Anthony Sr.)。他于1986年入选“会计师名人堂”(Accounting Hall of Fame)。真有这样一个地方哦！俄亥俄州立大学于1950年创建了会计师名人堂。截至2010年，名人堂入选成员超过80位。①

我祖父(2006年过世)能够位列会计师名人堂，主要原因是在他的职业生涯中，他撰写了近30本关于会计学的书籍。这些书大部分是学术性的，题目包括《非赢利组织内的管理控制》(*Management Control in Non-Profit Organizations*)等。我不会向普通读者推荐这些书。我的祖父一般为想要进一步深造的读者写书——这些读者希望精通这个专业领域。这些人会放下工作，专门花一两年的时间攻读MBA课程，师从于像我祖父这样的专家。

我的祖父也为自己建立了一个很棒的商业模式。他讲授MBA的课程。他收获了他著作的忠实读者。他还从想要运用他的专业知识的公司那里收取费用。

但是到了20世纪60年代初，他发现自己只触及了一个

① 2001年，我陪同祖父参加了在亚特兰大举行的美国会计师协会会议。他的视力不佳，所以我在那里协助他。人们用敬畏的目光看着他，就像看着一位摇滚巨星。这对我来讲有点梦幻，也是我第一次意识到我的祖父在他的行业中的崇高地位。

非常小的客户群体——追求很深层次的专业知识的人。而一个完全不同的，并且范围更为广阔的市场却被他一直忽视着，那就是想要了解会计学知识的人群。这个人群不需要成为专家，但是需要知道财务报表上的词语是什么意思。

我的祖父知道，要对这个人群有影响力，需要用完全不同的方式。1962 年，他推出了一本书，题为《会计学基础》(*Essentials of Accounting*)。这本书与他之前的著作有巨大差别。他摒弃了与专业指导配套的密集文字，使这本书成为一本可以自行练习的工作手册。读者可以翻阅知识点、填空，边做边学。通过这种方法，他们知道了借与贷的区别，懂得了“应收账款”这样的常用术语，还学会了如何去看基本的财务报表。

这本书现在已出版了第 10 版，销量已经超过了 100 万本。当然，它比不过斯蒂格·拉森(Stieg Larsson)的畅销书，但作为一本会计学的书来说，已经很了不起了。[①] 我的祖父并没有就此罢手，他永远是新技术的尝鲜者。20 世纪 80 年代初，他又推出了《会计学基础》的电脑版，而最初的测试版使用者之一，就是他当时 8 岁的孙子(也就是我)。

我的祖父将会计学变得简单易懂、无须花费昂贵代价。他收获了创新带来的好处。

---

① 我打赌拉森会在流行文化界至少再火上几年时间，因为好莱坞把他的书改编并拍成了电影。2005 年，在我刚开始讲这个故事的时候，我用的是约翰·格里森姆(John Grisham)这个名字；2007 年我就改用了《哈里·波特》系列。这个世界变化真快！

丽兹·朱莉(Lizzie Jury)也是如此。我是在创见公司为特纳广播公司做项目的时候认识朱莉的，这家有线广播公司拥有 CNN、TNT、TBS，以及动画网络和其他很多电视频道。[①] 21 世纪初，朱莉是一位在 CNN 工作的资深图书文献管理员。她的工作通常是被动性的。记者们在编辑采访报道时会找她核实一下新闻里的某个情况。

她开始动脑筋想更好的方法。如果她更有预见性会怎样？她开始事先核实新闻里的一些重要话题，并进行收集整理。她把这些"快捷事实"上传到公司的内部网络上，让记者们可以第一时间看到。

可想而知，这种把被动反应直接提升为主动前瞻的做法对特纳广播公司起到了什么帮助作用。这一改进的环节让记者们更快速地验证事实、更高效地写出新闻报道。CNN 也因此可以更快地播出这些报道——对这个行业来说，这是至关重要的。这个行业的第一法则就是"比更好的对手更快，比更快的对手更好"。整体的运行改进能释放更多的资源去追寻新的机遇，帮助企业创建新的增长点。

丽兹·朱莉帮助记者们更容易地获得他们所需要的事实，她也收获了创新带来的好处。

第三个故事又是跟我家相关的，讲的是我的姐姐米歇尔

---

① 让我印象深刻的时刻之一，就是访问特纳广播公司总部时看到了 1995 赛季亚特兰大勇士队获得的世界职业棒球大赛奖杯(当时亚特兰大勇士队属于特纳广播公司)。我也曾想收集特纳广播公司的摇头娃娃，但失败了。如果你有的话，请告诉我。

教育孩子很有一套方法。她宠爱着她的两个女儿和一个儿子,并为他们自豪。她的孩子们很小就养成了睡觉的好习惯,可以美美地睡上一整晚。① 多年来,有很多年轻父母向我的姐姐请教如何培养孩子这种晚上睡觉的好习惯,后来又向她请教如何让孩子早点学会阅读。我姐姐本可以举重若轻,一个个地来回答这些问题,但是她没有。她开始收集并核对每个电子邮件往来的内容,当再有人发来邮件咨询时,她不仅给出一个有针对性的回答,而且还附上一个抚养孩子的"手册"。② 用行话来说,就是我姐姐"众包"制作了一个点对点的手册,尽可能地减少年轻父母们的烦恼。

我姐姐帮助了数以百计的人来更有效地抚养他们的孩子。她和她的朋友与家庭也收获了创新带来的好处。

创新的类型

这 3 个故事展示了创新可以是不同形式的。就像前面所说的那位博主列出了 25 个创新的不同定义一样,创新的分类也有很多方法,故事就更多了。如果你读文献,你可以看到这样的词汇:渐近、激进、持续、颠覆、能力培养……

① 如果你认为知名的儿科专家费伯博士(Dr. Ferber)是严厉的,你该见见我的姐姐。安东尼的方法不允许有一丝动摇。不过,的确很见效。我姐姐为我这本书出了不少力,她让我许诺一定要写她是个好人。她的确是个好人。

② 当然,我姐姐并不总是告诉别人她要用到他们的故事。所以提供给米歇尔详细的个人信息时要当心——因为会被分享给别人!

我觉得从两个角度去给创新分类是有帮助的。一个角度是看创新者的战略意图。想一想宝洁公司，这家日用消费品公司旗下拥有帮宝适、潘婷、汰渍、锋隐、碧浪等数十项大品牌业务。宝洁公司努力遵循四大战略意图以提高其营业收入：

(1) 为现有的产品与服务找到更好的营销及促销方法。比如，21世纪初，宝洁公司开始推出一系列商业广告片来介绍它颇受欢迎的速易洁(Swiffer)产品。宝洁公司内部称这些商业广告片为“断绝”主题片，因为广告展示的是妇女们与传统的清洁方式(拖把、扫帚等)“断绝”了关系，而改用了速易洁产品。其意图是让消费者明白，宝洁公司的速易洁不仅仅是一种介于扫帚和拖把这两种清洁工具之间的快速清洁产品，它本身就是一个很好的清洁问题解决方案。那个时候只有大约10%的消费者试用过速易洁产品，而宝洁公司希望通过这样的广告方式来提升使用率。宝洁公司声称这个战略是商业的创新。

(2) 渐近式改善现有产品与服务。你也许会想到最具挑战的创新任务是在北美找到洗衣粉销售增长的新途径。毕竟，这样的产品到处都有，而且宝洁公司的旗舰产品汰渍品牌已占领市场多年。但是在21世纪初，宝洁公司通过推出数十个汰渍洗衣粉新种类而显著提高了汰渍的销售量。一些新种类的特点是新的香味，另一些则是将汰渍与其他受欢迎的宝洁产品混合，如多丽柔顺剂等。宝洁公司称之为持续创新。用宝洁公司的语言来讲，这些是“更好、更快、更便宜”的“更字辈”创新。

(3) 对现在产品类别中引入性能上的突破。2005 年,宝洁公司斥资 570 亿美元收购了剃须刀大王吉列。[①] 最让宝洁公司感动的是吉列即将推出锋隐剃须刀与刀片组合——世界上第一把 5 刀片剃须刀(技术上讲应该是 6 片——5 片在面上,而第 6 片在顶部用来修剪)。通过提供明显改善的性能,吉列把它在这个产品类型中已有的领先地位又提升了一个级别。[②] 锋隐是宝洁公司历史上率先收获 10 亿美元销售额的品牌。宝洁公司将这种产品类型的跨步提升称为转型创新。

(4) 创建一个新的产品类别。20 世纪 90 年代后期,宝洁公司的家庭护理部门推出了两个新品牌——速易洁和纺必适。速易洁本质上就是创建了一个快速清洁产品类别——带有一次性可更换单元的系列简单装置,可快速便利地进行清洁。而纺必适可以帮助消费者去除难洗织物的异味,比如地毯或沙发椅,创造了去除房间异味、使空气清新的新方法。在写本书的时候,速易洁的年收入已超过 10 亿美元,纺必适的销售收入也接近了那个神奇的十位数。宝洁公司称其为颠覆性创新。

另一个创新分类方法就是看其创新的种类。比如,苹果公司时不时会推出新产品,如最新的音乐播放器、电脑、手机等。这家公司还会推出分销其产品及相关内容的新方法,如手机上的 iTune 音乐商店或 App 应用商店。苹果公司也创造

---

① 吉列公司的创始人是金 · 吉列(King Gillette)。你看懂这聪明的文字游戏了吗? 再读读后面几行文字吧。

② 看懂了吧——明显改善的性能,来自剃须刀的刀片。哈哈! 我尽量不会再在同一个段落加上两个脚注了。

了全新的赢利模式，如低价销售单曲。企业也可以创新它们的流程，就像特纳广播公司的快捷事实（Fast Facts）项目一样。不论大小，这些创新都不同寻常并且有影响力。当然有很多的创新与技术有关，也有很多其他的创新与准入市场、销售、促销、行动或组织方法有关。

谁需要创新？

我们经常认为创新只对一小类人来说很重要，比如领导企业经历市场上各种变化的公司高管、希望有一番大作为的创业家，还有孜孜不倦研发技术为前两者提供支持的科学家们。但其实我们所有人都有进行创新的必要。

市面上大量的自助手册、每天的谈话类节目、主管培训以及专业咨询公司，都已经表明了人们对于改变的需求比以往任何时候都要迫切。也许这并不令人惊讶，因为我们的世界如今正经历着飞速的变化。回顾2000年，那时还没有像脸书（Facebook）或我的空间（MySpace）的在线社交方式。2000年，人们主要靠电子邮件和电话来沟通联络。少数有超前意识的用户开始用手机互发短信，或者用即时通信软件。一小部分人开始通过在线写文章来记录他们的思想火花，现在称之为博客。当然还没有像谷歌公司受人欢迎的YouTube那样供用户自行上传视频的网站。2000年的谷歌本身也还处于创立初期呢，年收入不过1 900万美元（现在的谷歌几个小时就能赚这么多了）。苹果仍是苹果电脑公司，在个人电脑市场寻找商机，市场价值大约在 30 亿美元(现在已超过 3 000 亿美元)。如果你想读这本书，你会去购买或被赠予一本有纸张的实物。现在，你们中有许多人大概正在 Kindle 阅览器，或是 iPad、Nook、iPhone，或是其他的什么电子设备上读这本书。那时的政府正在争论说，不容置疑，微软是一家垄断企业，需要将其拆分(从 2000 年 1 月 1 日到 2010 年 1 月 1 日，微软的股票跌了近 40%)。那时的美国这个霸权超级大国可以在冷战“胜利”后坐享“和平红利”。这个世界在 10 年里发生了巨大的变化。

虽然现在不能确定未来会是怎样，技术仍然在快速地向前发展。经济或政治动荡可能会导致更为密切关联的市场发展进程倒退 70 年，但是很难想象新兴经济体会退出世界舞台。当然，不断涌现的通信新技术会使分布式合作与沟通更为便捷。

我们都必须应对创新。传奇人物英特尔公司首席执行官安迪·S. 格鲁夫(Andy Grove)在他 1996 年出版的《只有偏执狂才能生存》(*Only the Paranoid Survive*)一书中一语道出真谛：“战略思考转折点既提供了机会也带来了威胁。现在已经到了发生根本改变的时代，以往的陈词滥调‘要么适应、要么灭亡’，具有非常现实的意义。”正在加速的变化，意味着根本性的改变就在眼前了；持续的改变将是一种新常态。

这种改变给我们每个人都带来两个层面的压力。首先，我们工作的企业需要适应这种改变。请思考以下统计数据：在我父母的一生中，富裕国家的人均寿命增长了大约 33%，从 60 岁增加到了 80 岁。同时，大型成功企业的平均寿命按某些标准衡量的话则减少了一半，从 40 年左右减少到 20 年左右。[①] 想一想这意味着什么。几十年前，你很可能在父母效力过的企业工作，你可能还希望子女也会为这家企业工作。而如今，如果你在为一家成功的大型企业工作，奇怪的是很可能你的父母并没有为这家企业工作过，你的子女也可能不会听说这家企业，因为等他们到了工作年龄，这家企业要么已经关门，要么被收购了。要使这样奇怪的事情不发生的唯一方法就是创新。

在 2008—2009 年经济衰退时期，许多咨询过我的企业都告诉我，他们曾经以为他们是有选择的——或是为创新与增长下注，或是为了生存而削减对经济增长的投入。在现今世界，创新已经不再是一个选择项。如果你不创新，你就播下了自我灭亡的种子。要成功，就得每天早上起床时就意识到今天有竞争力的优势资源到了明天就不管用了；意识到今天作为业务核心的产品或服务到了明天就不一定是了；意识到成功可能意味着你要放弃你视为核心竞争力的东西。

这对企业来说也就罢了，问题是个人也会有同样的压力。只有员工适应了改变，他们所在的企业才会适应。也就是说，

① 企业寿命预期值是基于理查德·佛斯特(Richard Foster)的研究之上的(下一个章节会更为详细地介绍他)。佛斯特分析了标准普尔 500 指数企业的年周转率，这 500 家由委员会挑选出来的成员企业包含了美国股本市场 75% 的市值。佛斯特在 2001 年出版的《创造性破坏》(*Creative Destruction*)一书中指出，在过去 60 年中，这些企业的年周转率是在稳定增长的。2010 年 8 月，我们更新了这一分析结果。直到 20 世纪 60 年代，平均周转率是 2%—3%(相当于 40—50 年的寿命)。如今，这个数字是 5%—6%(相当于 15—20 年的寿命)。

我们每一个人不仅要考虑如何把今天的工作做得更好，也要考虑如何改变并重新定义我们要完成的任务。我们还必须不仅在工作上适应改变，也要在家庭中适应。我们必须学会家庭成员之间新的沟通方式，帮助子女准备面对他们即将进入的高度竞争性的世界。诸如此类。

在为3岁的女儿荷丽选圣诞礼物的时候，我感受到了个人创新的必要性。我的妻子建议买《爱探险的朵拉》(*Dora the Explorer*)的玩具笔记本电脑，以激发荷丽对技术的兴趣。荷丽很喜欢这个玩具，但是她更多地是拿起我们的苹果iPad来戳戳点点，或者玩我们的微软Kinect游戏。看着荷丽，我更确信等她到了工作年龄时，笔记本电脑仍是评估技术水平的主流方式的概率几乎为零。

这个世界正在日益动态地变化，我们都必须把握这个现实。我敢打赌，你们每个人现在的工作方式都与你们刚开始工作时有所不同了。看一看似乎有些乏味的咨询行业吧。1996年，我加入麦肯锡(McKinsey & Company)当分析师，我和我的同事们参加了做演讲时如何将幻灯片放入投影仪的培训。

荷丽正在玩《爱探险的朵拉》笔记本电脑

管理语音信箱也需要多练习才可熟能生巧。[①] 我的一位上级领导曾说过，公司的竞争优势资源就是我们的图书馆，那里有成堆的纸质报告，价格昂贵，不是一般的企业买得起的。我们可以仔细查阅这些报告，找出我们的客户得不到的关键数据。

这一切并不是很久以前发生的事情。而且我可以十拿九稳地打赌说，随着技术升级、合作网络的涌现、新兴市场的重要性日益突显，以及创业家们掌握了创新咨询模式，今后15年里这个行业会有更多的改变。

创新在现今这个时代势在必行、不可避免。我们都必须学习如何顺应改变，以便在今后能够做好我们的工作，并与同事沟通，还为孩子及其他我们所爱的人提供最好的引导。我们都得成为创新者。

当你看到“创新者”这个词的时候，你的脑海里会出现怎样的形象呢？当我问人们谁是你们心中认可的创新者时，大家通常认为标杆人物应该是苹果的史蒂夫·乔布斯、维珍集团(Virgin Group)的理查德·布兰森爵士(Sir Richard Branson)或是脸书创始人马克·扎克伯格(Mark Zuckerberg)。

毫无疑问，这些人的确是具有传奇色彩的创新者。但是我建议，如果你想找出一位具有巨大创新能力的人，你应该踱步到镜子前看一看。是的，那就是你本人。

---

① 一位同事因为想出了一个点子，在信华(Audix)信息系统里为信息加上时间戳以让别人觉得她整天都在工作，而成为了公司的传奇。

为什么创新是可获得的？

我相信创新是每个人都能做到的，基于三个原因：

第一，我们在第 2 章会遇到，所谓的创新大师们已经完成了一件非常棒的工作，那就是发掘出了模式与原理，使原本含糊不清的创新世界变得清晰。运用这些模式能帮助所有人显著地提高他们的创新技能。

第二，创新的世界里正在发生一个重要变化。简言之，就是创新可以用很便宜的方式进行，而在以前，实施创新要付出相对昂贵的代价。比如，哈佛商学院的创业课程教过一个案例，描述了罗宾·沃兰娜(Robin Wolaner)如何在 20 世纪 80 年代中期，针对家长的需求创办了一本育儿类的高档杂志。沃兰娜的最初计划是估计要花 500 万美元将她的想法付诸实践。在她筹集资金之前，她决定先做一个简单的市场测试。她给一小群做父母的人寄了杂志样品，每一本样品都包含一张回复卡片，读者可以用它来反馈他们是否有意愿订阅这本杂志。热烈的反响验证了这个想法有市场，于是沃兰娜启动实施了她的想法。最终她以大约 1 000 万美元的价格把她的杂志《为人父母》(*Parenting*)卖给了时代与生活出版集团(Time Life, Inc.)。而做那个市场测试沃兰娜只花了约 15 万美元。

再把沃兰娜的故事与 2010 年 9 月我和同事在新加坡遇到的两位聪明的创业家做个对比。他俩想办一个网站，为设计 FPGA(现场可编程门阵列)芯片的专业人员普及设计工具。这是一个巨大的市场，因为出售 FPGA 芯片的企业都是拥有数十亿美元身价的大公司，提供一流设计工具的企业也是一些大公司。这两位网站创始人建立了一个功能性的网站，提供一些非常实用的工具。他们运用市场营销手段吸引了几百个用户，有了一些营业收入。

“哇”，我们十分惊叹！“一个功能性的网站，一个市场营销活动以及早期的营业收入。很不错！谁是你们的投资人，目前投了多少钱？”

他们羞怯地对视了一眼。原来他们的总投资不到 1 000 美元。他们利用业余时间做了这个网站，然后在谷歌上做了些广告来吸引早期的客户。这就是我所说的用很便宜的方式做些事情！

如果沃兰娜今天发行她的杂志(不过在当前的媒体行业，这样的提议本身就值得怀疑)，那就不可能会花费 15 万美元去做测试了，因为她可以在互联网上找到那些基本上免费且十分容易获取的工具去做相同的测试，这样做可能用不了 5 000 美元。①

创新的低成本影响到我们每个人，让我们有了更多的选择。思考一下减肥这个问题。以前减肥主要靠意志力或是去专业的减肥诊所，现在取而代之的是可以到苹果的 App 应用

---

① 我最喜欢的低价工具有谷歌的 SketchUp(设计)、调查猴(搜集数据)、Skype(通信)、领英(查找行业专家)、eLance. com(可以帮助你寻找独立承包商)、Wix. com(设计网站)、谷歌的关键词竞价广告(有目标的市场营销)和 legal-zoom. com(基本的法律服务)。还有很多其他工具。

商店里寻找创新者们提供的数不胜数的节食与控制体重的方法。有一个方法让你把一天所吃的食物拍成照片上传，App会对你的卡路里摄入量做出合理的评估。还有一种方法，你可以购买很小的可穿戴器件并连接到在线服务，显示你一天的运动量，而社区里的其他减肥伙伴们都在支持你。更有甚者，科学家们不断地抛出新的减肥机制，秒传到脸书、推特(Twitter)及其他网络工具上。

第三，大家更为清晰地聚焦到成功的创新者们所拥有的共同特质与行为。你是否认为成功的创新者在创新方法上都互不相同？大多数人会肯定地说“是”。但是学者们花费了很长的时间却发现要把这些差异区分开是很费劲的。近期杨百翰大学(Brigham Young Univeristy)的杰弗里·戴尔(Jeffrey Dyer)、英士国际商学院(INSEAD)的哈尔·格雷格森(Hal Gregersen)和哈佛大学的克莱顿·克里斯坦森的研究破解了创新者的基因。这些教授们发现成功的创新者擅长于他们称之为“联想思维”的方法。也就是说，优秀的创新者能在看似毫不相干的信息之间找到联系。你看一看 HBO 的热门电视剧《明星伙伴》(*Encourage*)就知道“联想思维”是怎样进行的。电视剧的角色阿里·高登(Ari Gold)与其他经纪人只需 10 秒钟就能描绘出他们在考虑的一个电影剧本。他们不会花工夫详述剧情，而是用一个类比(这部电影像什么)加上一个变形(新颖之处)给出简短的总结。举个例子，基努·李维斯(Keanu Reeves)主演的《生死时速》(*Speed*)就被描述为“巴士版的《虎胆龙威》(*Die Hard*)”。想象一下，当你听到这样的描述时你会说："《虎胆龙威》，哈，那可是一部很成功的电影。巴士版，以前倒没听说过，可能会挺有趣的。"奇普·希思(Chip Heath)与丹·希思(Dan Heath)在《让创意更有黏性》(*Made to Stick*)一书中，将这种技巧称为"好莱坞卖点"。

听起来很不错，但是你能不能改进自己的联想思维？教授们描述了成功的创新者们是如何遵循四个经历时间考验的方法来集聚各种刺激，以达到联想的目的的：

(1) 提问：问一些加上或去除限制条件的探究型问题(比如，如果法律禁止我们向目前的客户出售产品，那么会怎么样?)；

(2) 人脉培养：与不同背景、有新思维方式的人交流互动；

(3) 观察：观察周围的世界，寻找令你惊讶不已的刺激；

(4) 实验：通过尝试新事物或去新的地方，有意识地把你的生活复杂化。

这四种方法你都可以做到。第2部分会详细介绍我设计的28天学创新的课程，提供进一步的技巧训练，帮助你培养以上这些以及其他的创新能力。

这里主要想说的是，创新潜力每个人都有。第2章挑选了几位创新大师所提供的真知灼见，会帮助你逐渐意识到自己的潜力。

第2章
创新大师

从布兰克到熊彼特：一份简短的创新灵感清单

在某个星期三，在亚马逊上搜索“创新”一词，你会找到超过41 000本书。就算你读书速度很快，每本书只需要2天就能读完，读完这些书也需要225年。

第2章的主要目的就是告诉读者一些重要的创新经验，节约你们若干年的读书时间——这些经验来自我所选择的12位创新大师。这些专家让创新领域变得非常清晰（表2-1作了归纳）。本书附件中则推荐了更多的读物。

表2-1 创新大师

大师	开创性作品	关键性的创新经验
史蒂夫·布兰克(Steve Blank)	《四步创业法》(*The Four Steps to the Epiphany*)	初创企业是一个寻求规模化业务模式的临时组织，能使用结构化的搜寻过程，实现成功概率最大化。
克莱顿·克里斯坦森(Clayton Christensen)	《创新者的解答》(*The Innovator's Solution*)	做对所有事会让一个成功的企业更容易受到颠覆性创新的冲击，因为他们能用一种简单、易得或是低价的解决方案改变游戏规则。

（续表）

大　师	开创性作品	关键性的创新经验
彼得·德鲁克（Peter Drucker）	《创新与企业家精神》（*Innovation and Entrepreneurship*）	“客户很少会买企业想要出售给他的商品。”企业需要从客户第一的角度出发，才能达到创新的成功。
托马斯·艾尔瓦·爱迪生（Thomas Alva Edison）	白炽灯（The incandescent light bulb）	“天才就是百分之一的灵感加上百分之九十九的汗水。”如果你没有流汗，那你就不是在创新。
理查德·N. 佛斯特（Richard N. Foster）	《创造性破坏》（*Creative Destruction*）	要在市场竞争中胜出，你就得对市场的步伐与规模作出改变，并且不能失控。
维贾伊·戈文达拉扬（Vijay Govindarajan）	《战略创新者的十个法则》（*Ten Rules for Strategic Innovators*）	想要掌握战略创新的企业，必须谨慎地借用部分核心能力，有意识地忘记其他部分，同时系统性地学习一些全新的技能。
比尔·詹姆斯（Bill James）	《新比尔·詹姆斯棒球赛事历史摘要》（*The New Bill James Historical Baseball Abstract*）	用新方法去看历史数据，可以突出反直观的、颠覆正统的方案。
A. G. 拉夫雷（A. G. Lafley）	《游戏颠覆者》（*The Game-Changer*）	创新是一个可以管理与测量的过程；创新成功的关键在于“客户是老板”的思维方式。
罗杰·马丁（Roger Martin）	《商业设计》（*The Design of Business*）	管理者日益需要将其“挑选(or)”角色转换成“融合(and)”角色。
迈克尔·莫布森（Michael Mauboussin）	《颠覆传统的投资智慧》（*More Than You Know*）	将一些不起眼的领域中的经验运用到你的问题上，可以产生突破性的洞见。

（续表）

大　师	开创性作品	关键性的创新经验
芮塔·麦格雷丝(Rita McGrath)	《发现驱动型增长》(*Discovery-Driven Growth*)	你的第一想法是错误的，所以如果要执行一个谨慎的计划，应尽快地了解你的假设中哪一个是有缺陷的。
约瑟夫·熊彼特(Joseph Schumpeter)	《资本主义、社会主义与民主》(*Capitalism, Socialism, and Democracy*)	“通常能直观的问题是资本主义如何管理现有的组织，而与此相关的问题是它如何创造与破坏这些组织。”有时候你不得不为了创造而先破坏。

在进入主题前先给大家几个说明。首先，这不是学术界认可的创新文献综述——以下会提及的一些人并不是专门做创新研究的。文中对善于将自己的发现用通俗易懂的方式表达出来的人也有偏向性，毫无疑问，这对很多有影响力的专业学者来说会显得不公平。① 400 个词也明显无法充分展现这些创新大师的真知灼见。最后，本书列举的这些大师资源也比较偏向于使用英语的西方人。但不管怎样，这部分

① 比如，如果没有以下学者之前的贡献，这个领域就不会发展成现在的状态：亨利·明茨伯格(Henry Mintzberg)、罗伯特·伯格曼(Robert Burgelman)、迈克尔·图什曼(Michael Tushman)、詹姆斯·阿特拜克(James Utterback)、C. K. 普哈拉(C. K. Prahalad)、加里·哈默尔(Gary Hamel)、约瑟夫·鲍尔(Joseph Bower)、金伟灿(W. Chan Kim)、芮妮·莫伯尼(Renée Mauborgne)；最新的研究成果还来自这些学者：康斯坦丁诺斯·C. 马凯斯(Constantinos C. Markides)、荣·埃德那(Ron Adner)、杰夫瑞·戴尔(Jeffrey Dyer)、哈尔·格雷格森(Hal Gregersen)、C. C. 杭(C. C. Hang)、东·苏尔(Don Sull)；还有前沿的实践家们，例如拉里·道布林(Larry Doblin)、杰弗里·摩尔(Geoffrey Moore)写的精彩文章。

的概述是一份不错的入门读物，它提供了围绕创新的许多重要观点，并且能为你采取正确的思维方式（第3章）、避开陷阱（第4章）及开始28天创新课程（第2部分）打下良好基础。

史蒂夫·布兰克（1953— ）

他是谁：老练的创业家，在伯克利大学和斯坦福大学开设讲座（www.steveblank.com）

如果你想读他的一本书，就要读：《四步创业法》，美国个性印品出版社（Cafepress.com），2005年。

他最重要的创新经验：初创企业是"一个寻求可复制和规模化业务模式的临时组织"，用结构化的搜寻过程能使成功概率最大化。

2010年初，我的一位同事推荐我去读史蒂夫·布兰克写的文章。我只读了一篇他的博客，就被深深吸引住了。布兰克在创业方面斩获颇丰。他曾在趋同技术公司（Convergent Technology）、齐洛格（Zilog）及其他许多成功的初创企业中工作过，并且参与开创了顿悟（E.piphany）、密普斯电脑公司（Mips Computers）、阿登特（Ardent）、火箭科学游戏（Rocket Science Games）等公司。不像其他很多企业家只简单地把成功归纳为"我比其他人更聪明也更勤奋"，布兰克寻求运用系统性的方法来管理新公司。

布兰克在他的《四步创业法》中归纳了他的指导意见。他告诫创新者们，他们的第一份计划必然是错误的。因此，创新者们应该遵循一种严格的“客户发现”流程，要尽快地将“最小可行化产品”推入市场，通过将这些产品推销给客户来了解他们的计划错在哪里。布兰克强调，创新者们要利用市场给予的反馈修改他们的计划，或者用布兰克的原话：“做一次轴转”，这才是成功的关键。

布兰克的得意门生之一埃里克·里斯（Eric Ries）把他的理念进一步发展成一套互补的方法，里斯称之为“精益创业”。里斯借鉴了“敏捷开发”的概念，这是过去10年里才出现的一种管理新软件开发的技术。主要的做法就是快速地发布一款新版软件，然后根据市场的反馈加以完善。精益创业试图缩短布兰克所谓的“轴转”之间的时间。布兰克的文章风格明晰、实用，还时常幽默一把。

克莱顿·克里斯坦森（1952—　）

他是谁：哈佛商学院教授、创见公司合伙创始人（www.claytonchristensen.com）

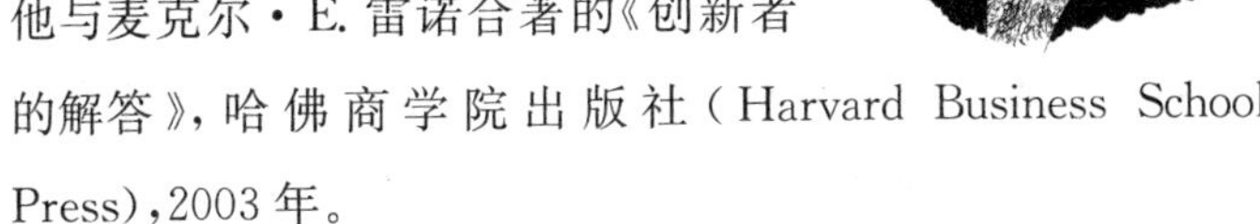

如果你想读他的一本书，就要读：他与麦克尔·E.雷诺合著的《创新者的解答》，哈佛商学院出版社（Harvard Business School Press），2003年。

他最重要的创新经验：做对所有的事会让一个成功的企业更容易受到颠覆性创新的冲击，因为他们能用一种简单、易得或是低价的解决方案改变游戏规则。

像这份名单里的许多人一样，克里斯坦森属于跨界人士。在成为学者以前，他曾是一位成功的咨询师（波士顿咨询集团 Boston Consulting Group）与企业高管（一家募集了几百万风投资金的初创型先进材料企业的首席执行官）。

他做事非常有韧劲。2002 年，我开始与他合作，将他的研究成果运用于教育和保健行业。他原计划于 2003 年完成这两个行业的两部专著，但到 2003 年初的时候就已清楚地感到这个截止日期实在不切实际。克里斯坦森依旧不肯放弃，最终这些著作（与不同的人合著）在 2009 年初出版了。

他也有可能是你碰到过的最和善的人。他很会讲故事，还拥有发现模式、形成理论与框架的天赋，这些模式、理论与框架能将创新与发展中的挑战变得一目了然。

他的颠覆性创新理念最为著名，这是他第一本也是引用次数最多的著作《创新者的窘境》的支柱。当时的英特尔首席执行官安迪·格鲁夫（Andy Grove）对这本书的评论是“清晰易懂、善于分析、有点吓人”——因为他在书中声称许多大企业失败的根本原因是其“良好”的管理原则。正因为企业认为它们做了所有应该做的事情——倾听优质客户的意见、进行创新来满足这些客户的需求、生产出市场中最好的产品、收取高价、坐享股票价格飙升，才会一不小心让那些看似不相干的竞争者们以简单或低价的手段，用其颠覆性的创新驱动了产业转型，改变了游戏规则。

克里斯坦森还论述过其他很多的关键创新理念。他富有表现力地论述了商业研究人员应该进一步发展适用的理论。

就是说，针对企业管理者所面临的各种情况来开发稳健的分类方案，并给出因果联系来预测某些行动会导致怎么样的结果。比起《创新者的窘境》和克里斯坦森的其他几本著作，我更推荐《创新者的解答》这本书，因为该书的第 2 章扼要论述了《窘境》的精要，并且为 2000 年代许多实践家的创新工作打下了坚实的基础。

彼得·德鲁克(1909—2005)

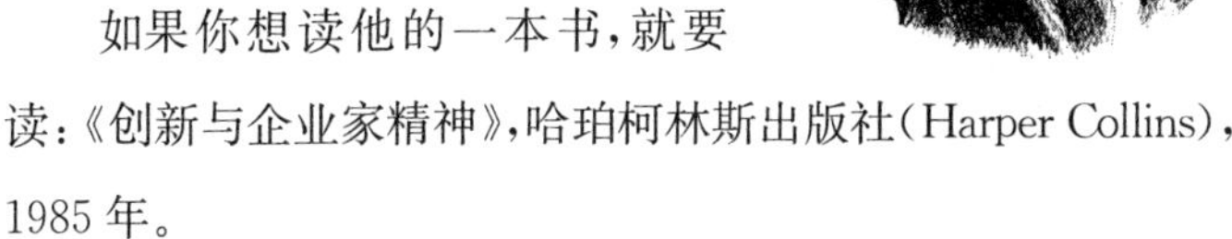

他是谁：传奇性的管理学宗师，长期任克莱蒙特研究生大学(Claremont Graduate University)教授

如果你想读他的一本书，就要读：《创新与企业家精神》，哈珀柯林斯出版社(Harper Collins)，1985 年。

他最重要的创新经验：“客户很少会买企业想要出售给他的商品。”企业需要从客户第一的角度出发，才能达成创新的成功。

彼得·德鲁克是公认的 20 世纪最具影响力的管理学大师。他之所以有这样大的影响力，关键在于他对事物具有异常敏锐的洞察力。他也很有先见之明，正确预测了很多发展趋势，包括后工业经济时代知识型工人的崛起等。他以前写的文章与著作一直广受欢迎。看一些经典的名言：

“商业的目标是创造客户。”

“客户很少会买企业想要出售给他的商品。”

“预测未来的最好方法是创造它。”

“计划只有在立即付诸辛勤工作之后才不会停留于良好意愿。”

我最喜欢引用上述第二条名言，其实20年前德鲁克在专注于创新课题的写作之前就说过这句话了。他的开创性的创新著作是1985年出版的《创新与企业家精神》。在那本书里，德鲁克声称创新可以是有目的的行动。德鲁克还在一篇发表于《哈佛商业评论》(*Harvard Business Review*)的文章《创新的原则》(*The Discipline of Innovation*)里归纳了这本书的主要内容。文章的倒数第二段体现了经典的德鲁克式风格——意图明晰，但明显不同于主流观念：“正如我们一切的努力一样，创新需要有天赋、独创性和知识。但归根到底，创新需要辛勤、专注、有目的的工作。如果缺乏勤奋、坚持、全心投入，天赋、独创性与知识都会失去效力。”

德鲁克的思想通过各种方式传播着。他帮助表2-1中的另一位创新大师A. G. 拉夫雷将可预测性融入了宝洁公司的创新之中。你甚至可以买到印有每日一句德鲁克名言的日历本。2005年，95岁高龄的德鲁克去世，我很遗憾从未有机会见到他本人。

托马斯·艾尔瓦·爱迪生(1847—1931)

他是谁：传奇性的创新者，因发明了灯泡、留声机等闻名于世

如果你想读有关他的一本书，

就要读：兰道尔·E. 斯特罗斯(Randall E. Stross)所著《门洛帕克的巫师：托马斯·艾尔瓦·爱迪生如何发明了现代世界》(*The Wizard of Menlo Park：How Thomas Alva Edison Invented the Modern World*)，皇冠出版集团(Crown)，2007 年。

他最重要的创新经验："天才就是百分之一的灵感加上百分之九十九的汗水。"如果你没有流汗，那你就不是在创新。

很明显，爱迪生是史蒂夫·乔布斯、理查德·布兰森等当代创新者的灵感源泉。当然，爱迪生的很多事情因不为人知而蒙上了神秘面纱，跟实际情况可能大相径庭，但是所有创新者都应该学习他的工作方法。他对人类的贡献具有如此重要的开创性，我在这里就不赘述了。在本书第 3 章，我会讲述创新者们需要如何释放他们心中的爱迪生。

理查德·N. 佛斯特(1941—)

他是谁：20 年来在麦肯锡启发创新的灵魂人物，目前在多个董事会担任董事(包括创见公司)，并在耶鲁管理学院任教

如果你想读他的一本书，就要读：他与莎拉·凯普兰(Sarah Kaplan)合著的《创造性破坏》，流行出版社/道布尔迪出版公司(Currency/Doubleday)，2001 年。

他最重要的创新经验：要在市场竞争中胜出，你就得对市场的步伐与规模作出改变，并且不能失控。

我记得第一次遇见迪克·佛斯特时的情景。那是2006年的一个下午，在马萨诸塞州沃特敦市的创见公司办公室，我满怀敬畏地见到了他。20世纪90年代中期我在麦肯锡做分析师的时候，提及佛斯特的名字时，大家都要压低嗓音。他简直是一台智力发电机，而且负责打理着公司一个非常重要的客户——一家多元化的大型保健企业[①]。

他的两本书我都拜读过，其中第一本书的名字很酷：《创新：进攻者的优势》(*Innovation: The Attacker's Advantage*)；我也了解他对创新领域所做的贡献。在他于20世纪80年代出版的第一本书中，佛斯特介绍了技术S曲线的概念。这个概念主要讲的是，如果你画一张图表，X轴表示积累总时间，Y轴表示技术进步，那么几乎每一种技术的图表都会是S形的。科学家研究出一种技术需要一定的时间，所以早期的发展会比较慢。然后发生了弯曲的变化，发展会比较快。重要的是，又会发生弯曲变化，发展再次变得比较慢。佛斯特用这张图及其他构架来展示在创新时为什么进攻方会取得有利地位。他的研究为10年后克里斯坦森的工作奠定了基础。

《创造性破坏》运用一个大样本数据库论证了，任何要在市场竞争中胜出的企业都必须对市场的步伐与规模作出改

① 麦肯锡培训员工永远不能泄露客户的名字。麦肯锡内部及与其相关的人都知道这家公司——佛斯特在《创造性破坏》中甚至提过到它的名字。但我要遵守规定，如果你想知道就只能自己去查找一下了。

变,并且不能失控。佛斯特发现市场中长期的幸存者(他称为"运行者")反而在市场中表现不佳,因为市场总是创造一些新事物而抛弃一些旧事物(用佛斯特的话来讲,这是"交易")。

佛斯特总是充满好奇心。如果你有机会碰到他,问他是谁完成了布鲁内列斯基(Brunelleschi)设计的穹顶,他肯定会花上两个小时,声情并茂、滔滔不绝地跟你讨论创造力。

维贾伊·戈文达拉扬(1949—)

他是谁:达特茅斯大学塔克商学院教授(www. vijaygovindarajan. com)

如果你想读他的一本书,就要读:他与克里斯·群伯(Chris Trimble)合著的《战略创新者的十个法则》,哈佛商学院出版社,2005 年。

他最重要的创新经验:想要掌握"战略"创新的企业必须谨慎地借用部分核心能力,有意识地忘记其他部分,同时系统性地学习一些全新的技能。

我在 2004 年的一次会议上第一次见到了戈文达拉扬。他上下打量了我,然后问道:"你不会是和鲍伯·安东尼(Bob Anthony)有什么亲属关系吧?"原来他正是受到我祖父的某种启发而申请攻读哈佛商学院 MBA 的。后来他们俩还一起撰写了几本会计学的书,包括那本妙语连珠的《管理控制系统》(*Management Control Systems*)。如果你有机会去听戈文达拉扬的演讲,那么一定不要错过。他和克里斯坦森是这 12 位创新大师中最擅于演讲的。而且与克里斯坦森一样,戈文达拉扬为人也非常和善。[①]

在过去10年中，戈文达拉扬主要专注于企业如何管理他提出的“战略的”或是“第三盒”(Box 3)创新，也就是企业如何创建新市场或者瞄准新客户。他提出战略创新者务必要小心处理与核心业务的互动，因为核心“基因”有时候会阻碍创新者达成目标。戈文达拉扬指导创新者们有意识地忘记一些“基因”成分，优选并借鉴一些其他的成分来填补空缺。

戈文达拉扬近期的文章介绍了其他一些重要的理念。2009年，他与克里斯·群伯和美国通用电气公司(GE)主席杰弗里·英默尔特(Jeffrey Immelt)合作撰写的文章《GE是如何自我破坏的》(*How GE Is Disrupting Itself*)发表在《哈佛商业评论》上，引入了“逆向创新”的概念，提倡企业要改变观念，从以前单纯地将新兴市场的各个分公司视为分销西方产品的渠道与工具改为开发适合当地市场的产品。2010年，戈文达拉扬和群伯又出版了新书《创新的另一面》(*The Other Side of Innovation*)，详述了具体做法。这篇文章和这本书都是非常值得一读的。

---

① 要知道，这份清单上的所有人，包括我有幸与之有过交集的人，都很和善。这让我想到了比尔·詹姆斯关于棒球运动员的一个理论。防守奇才奥兹·史密斯(Ozzie Smith)和布鲁克斯·鲁滨孙(Brooks Robinson)都是有名的谦恭有礼、性情温厚。击球专家泰德·威廉姆斯(Ted Willaims)、巴里·邦兹(Barry Bonds)、阿尔伯特·贝尔(Albert Belle)则是出名的自以为是的笨蛋。詹姆斯认为，如果一个运动员最突出的强项是防守，就会理解只有与最棒的队友合作才能取得个人的成功，他自己也因此成了最棒的队友。这或许也适用于创新领域吧，正是对于创造的专注吸引了合适类型的人才。

比尔·詹姆斯(1949—)

他是谁:棒球赛事作家、历史学家、波士顿红袜队(Boston Red Sox)资深顾问(www. billjamesonline. net)

如果你想读他的一本书,就要读:《新比尔·詹姆斯棒球赛事历史摘要》,自由出版社(Free Press),2001 年。

他最重要的创新经验:用新方法去看历史数据可以突出反直观的、颠覆正统的方案。

詹姆斯可能是表 2-1 中最不起眼的人物,但是他为棒球场带来洞见的方式,也给创新者们上了重要的一课。我一直都很喜欢棒球。① 事实上,我母亲说我数学学得好也是因为学习了如何快速计算平均击球成功率。

比尔·詹姆斯从 1977 年起开始每年写一本《比尔·詹姆斯棒球赛事摘要》(*The Bill James Baseball Abstract*)。这套书呈现了大量非传统性的统计数据,比如情境表现等,并运用

① 我们家在 1984—1998 年都有巴尔的摩金莺队(Orioles)比赛的季票。据我计算,我已经去看过 500 多场棒球比赛了。我印象最为深刻的是 2 场世界职业棒球大赛(1983 年和 2007 年)、4 场联盟冠军赛(1983 年、1997 年、1998 年和 2008 年)、2 场无安打比赛(胡安·尼弗斯 Juan Nieves 和威尔森·埃尔瓦雷兹 Wilson Alvarez),以及小卡尔·利普肯(Cal Ripken Jr.)追平并超越卢·格里克(Lou Gehrig)连胜记录的那几场比赛、纪念体育场举行的最后一场比赛、凯姆顿体育场举行的第一场比赛,还有 1983 年 8 月 24 日提佩·马丁内兹(Tippy Martinez)一局就干掉 3 个过度兴奋的跑垒者的比赛(事实是,比赛的结果我是听收音机知道的,因为对于当时只有 8 岁的我来说,一直待到比赛结束就有点太晚了。详情可以浏览这个网页:www. retrosheet. org/boxesetc/1983/B08240BAL1983. htm)。

这些数据为读者提供崭新的视角去理解主导了棒球比赛几十年的经验与智慧。1980 年代中期，我得到了第一本《比尔·詹姆斯棒球赛事摘要》，它简直要引爆我 10 岁的小脑袋瓜。当然，他写的很多东西我当时都看得朦朦胧胧，但是这个人揭露了很多棒球上的传统伎俩，这绝对错不了。

詹姆斯走在了棒球分析学领域的前沿，即美国棒球研究协会命名的赛伯计量学领域。这个学科的研究结果颠覆了正统的方法，影响到了比赛战术、投资决策，以及个人管理等方面。詹姆斯算不上是赛伯计量学领域真正的学者，或是统计学家，但他天赋异禀并且写作颇具风格。他的著作是我于 2009 年发表在《哈佛商业评论》上的文章《联赛重大创新》(*Major League Innovation*)的灵感之源。①

詹姆斯所做的对于创新来说是适用的，因为从本质上讲，他与其他赛伯计量学家所做的正是创新学者们努力要做的事情。这些研究者们寻找能用来更精确预测某些问题答案的模式与数据，比如：究竟是什么创造了价值？哪组统计数据最有意义？哪组统计数据跟技能相关，而不是运气或是其他外部因素？哪种策略创造了价值？而哪种策略没有创造价值？就像詹姆斯和他的同行们在棒球领域引发了一场革命一样，表 2-1 中的其他创新大师们也在创新领域引发了一场革命。

① 《哈佛商业评论》把我的 5 000 字的文章缩减成紧致的 2 300 字，真是厉害。如果你有兴趣看一下我的原文，可以发邮件向我索取，我的电邮是 santhony@innosight.com。

A. G. 拉夫雷(1947—　)

他是谁：宝洁公司前主席与首席执行官

如果你想读他的一本书，就要读：他与兰姆·查芮(Ram Charan)合著的《游戏颠覆者》，皇冠出版集团，2008 年。

他最重要的创新经验：创新是一个可以管理与测量的过程，创新成功的关键是"客户是老板"的思维方式。

2008 年，在华盛顿特区举行的一个报业会议上，我遇到了拉夫雷，当时我正在主持一个小组讨论，而拉夫雷是嘉宾之一。讨论的主题是转型。时任总统候选人的巴拉克·奥巴马(Barack Obama)前一天就在我们的会场，所以那些所谓"中立"的记者们还在闹哄哄地谈论着奥巴马超凡的个人魅力与感召力。[①] 在过去几年中，我和宝洁公司的多个部门都打过交道，所以我对宝洁非常熟悉，而对拉夫雷却是久仰其名而素未谋面。拉夫雷刚出版了一本书，小组讨论之后，他问我是否可以参加他在那一年里安排的几个推广新书的活动，因为他挺喜欢这种谈话秀的讨论形式。我自然很高兴地接受了邀请。

拉夫雷想传达的核心信息就是，应该以一种训练有素的方法对待创新。因为这一信息来自一位众所周知的人士，他成功地将宝洁公司从一家一般的日用消费品企业转型成为充

---

① 我在那里的当天，希拉里·克林顿在午餐会上发表了讲话，而记者们却一直在聊那天午餐的鸡肉好不好吃。

满活力的保健与美容用品公司，所以就显得格外有说服力。此外，拉夫雷极富天分，表现之一就是他能够用简单易懂的词汇将复杂的概念解释清楚——他称之为“像《芝麻街》（*Sesame Street*）节目一样简单”，而《芝麻街》是美国非常受欢迎的适合幼儿与学龄前儿童观看的电视节目。他的书完美呈现了宝洁公司的创新方式。我时常会翻看一下 2008 年 5 月在波士顿举行的“创新前端会议”上我们的小组讨论笔记。[①] 这本书后面关于“客户是老板”的论述就来自拉夫雷在那次会议上的大段演说。

毋庸赘述，拉夫雷给人的印象就是一位真诚务实的人。在亚利桑那州的活动结束之后，我们参加了时任宝洁公司对外关系负责人在家举办的晚宴。因为是周末，我携夫人和当时 2 岁的儿子查理赴了晚宴。主人搬出一辆她孙儿们喜欢的拖拉机玩具给查理玩，这时拉夫雷正好到了门口，他立即走离聚会的人群，跟着查理到了外面看他驾驶这辆拖拉机，脸上满是兴奋。[②]

罗杰·马丁（1956— ）

他是谁：加拿大多伦多大学罗特曼（Rotman）管理学院院长

如果你想读他的一本书，就要读：

---

① 对这一事件的概述参见：斯考特·D. 安东尼，《宝洁公司改变了游戏规则》（*Game-Changing at Procter & Gamble*），载《战略与创新 6》（*Strategy & Innovation* 6），2008 年 7—8 月，第 4 期，www. innosight. com/documents/protected/SI/JulyAugust2008StrategyandInnovation. pdf.

② 也许是因为我们教查理跟拉夫雷打招呼时要说：“谢谢你给我的尿布费”，而他很尽职地执行了！

《商业设计》,哈佛商业出版社(Harvard Business Press),2009 年。

他最重要的创新经验:管理者日益需要将其“挑选(or)”角色转换成“融合(and)”角色。

马丁给人的印象是思维非常缜密,所以后来他去了多伦多大学可能就不那么让人惊讶了。大致的情况是这样,美国的东海岸是结构战略学派的营地,哈佛商学院麦克尔·波特(Michael Porter)和他的同事们是这个学派的拥护者。美国的西海岸是动态创业与最近上升势头明显的设计思维学派的营地,以斯坦福大学的哈索·普拉特纳(Hasso Plattner)的设计研究所和艾迪欧(IDEO)的商务设计公司为代表。在学术上,马丁介于这两极之间(地理位置上的关系不大)。

他的任务是置身于学术交汇点,帮助管理者整合不同的思想学派。他曾受训于墨尼特公司(Monitor Company)。在 20 世纪八九十年代,如果你想要将学术研究与应用型咨询相交叉,那么墨尼特公司绝对是不二之选。1998 年,马丁就任罗特曼的院长后,就一直致力于为他的学院以及他本人进行独树一帜的工作。马丁的第一本书《整合思维》(*The Opposable Mind*)论述了管理者迫切需要通过训练提升其思维敏锐度,以应对看似矛盾的需求,这一理念后来被思科公司(Cisco)执行官英德·思都(Inder Sihdu)在他的《两者皆为之》(*Doing Both*)一书中进一步发扬光大,该书于 2010 年出版。在《商业设计》一书中,马丁运用极具说服力的案例,论述了设计思维原则是战略家武器库中重要的一员。

马丁并不是纯粹的理论家。他在罗特曼创立了一家叫

“设计车间”(DesignWorks)的机构，为企业提供商业设计服务。2009年，我共事过的一个宝洁公司的团队就曾经与“设计车间”的一个学生团队合作过。这个学生团队的作品与顶级创新专家做出的一样棒。马丁对战略与创新的视角明晰而独特，绝对值得加以紧密关注。

迈克尔·莫布森(1964—)

他是谁：美盛集团(Legg Mason)首席投资战略师(www.michaelmauboussin.com)

如果你想读他的一本书，就要读：《颠覆传统的投资智慧》，哥伦比亚大学出版社(Columbia University Press)，2007年。

他最重要的创新经验：将一些不起眼的领域的经验运用到你的问题上，可以产生突破性的洞见。

2004年，我在一次会议上遇到了莫布森，而之前就听到了克里斯坦森对他的赞誉之词。他的确让人着迷。就像马丁一样，莫布森是一位跨界人士。白天，他是一家控制着数十亿资产的公司的投资战略师；到了晚上，他又是圣菲研究所(Santa Fe Institute)的一位学者。1993年以来还在哥伦比亚大学担任兼职教员。

莫布森拥有一种罕见的能力，他能用极具说服力的分析指出一个看似跟金融毫不相干的学术思想对于战略师和投资人的意义何在。在《颠覆传统的投资智慧》一书中，我最喜欢的章节就是论述兵力分配问题(并不是只有你一个人不知道何谓兵力分配问题),它提供了对金融投资者极有帮助的见解。莫布森总是喜欢一些具有挑战性的话题,比如:一家公司到底能不能影响到它的权益人的组成?坚持不懈的投资能战胜现实吗?投资到底是运气还是技能?① 有一次,我问他平时阅读些什么,他例举了《纽约时报》(*New York Times*)、《经济学人》(*The Economist*)、《华尔街日报》(*Wall Street Journal*)、《财富》(*Fortune*)、《自然》(*Nature*)、《科学美国人》(*Scientific American*),以及一大堆粉丝与朋友寄给他的文章。

芮塔·麦格雷丝(1959—)

她是谁:哥伦比亚大学教授(www.ritamcgrath.com)

如果你想读她的一本书,就要读:《发现驱动型增长》,哈佛商业出版社,2009年。

她最重要的创新经验:你的第一想法是错误的,所以如果要执行一个谨慎的计划,应尽快地了解你的假设中哪一个是有缺陷的。

---

① 你实在应该读一读莫布森对这些问题的解答,这里简短地介绍一下,他对以上三个问题所建议的答案分别是:是的,一家公司能影响到它的权益人的组成;坚持不懈的努力曾战胜过现实,但很少;投资结果大多数是靠运气(但也不完全是)。

麦格雷丝看上去是一位很严肃的学者。她在学术期刊上发表文章，参加像达沃斯论坛这样的高层次活动，在哥伦比亚大学高级管理培训班上也是极受尊敬的教授。但她讲话就像一位实践家。她与她的长期合作伙伴——沃顿商学院（Wharton）的伊恩·麦米伦（Ian MacMillan）合著的书里充满了简单而实用的工具。比如，如果你去浏览一下《发现驱动型增长》这本书的营销网站，下载一个叫作单纯净现值（BareBones NPV）的净现值计算工具，它可以帮助你为自己的商业计划做一个快捷的财务评估。

麦格雷丝建议创新者要先看结果，然后再反推列出能使这个结果可行的各项假设。建立一个发现驱动计划来测试那些最关键的假设，根据所了解的情况再调整这个计划。这种方法可以大幅度地加快创新的速度。麦格雷丝还引导管理者们培养创新战略思维。她有一个简单的模板，可以整合构成公司增长组合计划的不同想法。使用这个模板来制订创新计划，总是能激发精彩的战略讨论。

麦格雷丝的著作通过《财富》500强企业的案例、小型地方企业案例，甚至个人生活经验等生动翔实地说明了她的理念具有广泛的适用性。如果想要找到这一课题的精简概述，可以搜一下她和麦米伦于1995年合作发表于《哈佛商业评论》的文章《发现驱动型计划》（*Discovery-Driven Planning*），这真是一篇经典之作。

约瑟夫·熊彼特(1883—1950)

他是谁:奥地利经济学家

如果你想读他的一本书,就要读:《资本主义、社会主义与民主》,哈珀兄弟出版社(Harper & Brothers),1942 年。

他最重要的创新经验:"通常能直观的问题是资本主义如何管理现有的组织,而与此相关的问题是它如何创造与破坏这些组织。"有时候你不得不为了创造而先进行破坏。

我们生活在一个相互关联的世界中。熊彼特因其创造的专业名词"创造性破坏"而闻名遐迩,2001 年,理查德·佛斯特也用了这个名词为自己的书命名。熊彼特与德鲁克的父亲是朋友,而德鲁克与罗杰·马丁后来成为拉夫雷的私人顾问;而拉夫雷呢,则跟克里斯坦森同一年进入哈佛商学院。吆,好长的一句话!

熊彼特堪称"创新研究之父"。不像那些所谓的新古典主义经济学家,他不会使用复杂的数学方程式来论证他的观点。他的开创性工作是对不同的经济系统提出了非常专业的论述。熊彼特论证了释放出创造性破坏威力的企业家们限制了那些大企业滥用它们对市场的控制权。他强调,这种创造性破坏造就了资本主义这样一种强大的模式。当大多数经济学家还在专注于亚当·史密斯(Adam Smith)的平衡供需的无形之手时,熊彼特已在谈论创新才是改变市场甚至整个社会的最重要因素了。大多数人将"创新"与"创造"联系在一起，而熊彼特却敦促人们同时也要考虑破坏的力量。

我向各位介绍这些创新大师的目的是要突出关键性的创新经验，并为你指出进一步学习的方向。第3章和第4章总结了来自这些创新大师的经验与警示，还有我本人的创新经历所带来的经验与教训。

第3章

创新的拉什莫尔山

指导你创新之路的4张面容

本章与下一章通过描述能增加你创新成功概率的思维方式，并重点指出一些需要避免的陷阱，进一步充实这本书的基础部分。每个章节都由一个中心比喻句加上论述的关键点组成。第2部分开始作一些详细的展开，指导你如何运用这些思维方式并且避免这些陷阱。

图片作者：布莱恩·拉扎尔（Brian Lazar）

我们先说说你应该做什么。你想要做一件独特而有影响的事情吗？看一看创新的拉什莫尔山（Mount Rushmore of Innovation）上雕凿的 4 张面容吧：（从左往右分别是）A. G. 拉夫雷、老罗伯特·N. 安东尼、托马斯·爱迪生和迈克·泰森（Mike Tyson）。

A. G. 拉夫雷（采用外部观点）

如果你问监督与冒险团队的员工，创新大师 A. G. 拉夫雷在领导宝洁的十年中给这家企业留下的最重要的东西是什么，他们中的大多数人会说“客户是老板”。拉夫雷用这个座右铭督促宝洁人走出大楼，走进市场，更深入地去了解现有客户和目标客户，不仅要理解他们所说的，还要理解他们所感受的或者无法用言语表达的东西。创新的拉什莫尔山上拉夫雷的面容提醒我们，总是要采用外部观点，从外部资源取得灵感。

外部观点的价值在寻求机遇方面体现得最为明显。企业常常在寻找商机时说：“我们有这些东西要卖。谁要买？”而擅长从外部观点看问题的企业则会说：“客户们想要什么或者需要什么？”创新大师彼得·德鲁克曾解析过这种以外部为导向的智慧：“客户几乎不会买企业想要出售给他的商品。……没人会为一件‘产品’买单。人们只为‘满意’买单。”一个公司可能认为它在销售产品或者提供服务，但是消费者们却不是这样看的，消费者要找的是解决他们问题的方法或者帮助他们完成任务的工具。

要发现未解决的问题或者未能完成的任务，需要从外部向内看。花时间去了解你的目标——可能是一位现有的客户、预期的客户，也可能是你的伴侣、一位惹麻烦的同事，或是身边霸道的人——才是产生同感与共鸣的最好方法，这种同感与共鸣会帮助你理解他或她所说的想要和需要的东西是什么，甚至更为重要的是他们实际想要和需要的但不容易表达出来的东西是什么。

这种从外部得到的同感与共鸣，还可以帮助我们避免一些普遍发生的创新失误。创新者经常误认为他们的个人爱好跟他们客户的爱好是重合的，或者他们认为很难做到的事情客户就会认为很有价值。其实客户可能更偏爱简单廉价的东西，而不是复杂的同时性能更好的解决方案，或者他们在寻求的性能跟你认为重要的性能根本不在一个方向上。想想任天堂在电子游戏市场上获胜的法宝，是方便好用的 Wii 操控器，还有为什么人们在他们的脸书账户里已经花了几百万个小时玩角色扮演游戏《黑手党之争》（*Mafia Wars*）和《乡村度假》（*Farmville*）。虽然总有客户寻求尖端的性能，但是很多人还是更偏爱简单而好用的解决方案。

外部观点还能帮助应对另外两个创新挑战：形成有说服力的新想法，以及在不确定结果的选项之间作抉择：

形成有说服力的新想法——就像创新大师迈克尔·莫布森会借鉴科学与心理学知识做投资一样，优秀的创新者会从不起眼的地方汲取灵感。他们会寻求交界地，在那里人们会使用不同的视角对同样的问题进行思考。记住伟大的艺术家巴勃罗·毕加索(Pablo Picasso)的至理名言:“优秀的艺术家抄袭,而伟大的艺术家偷窃。”

在不确定结果的选项之间作抉择——想象一位首席执行官在几个大胆的增长战略计划中进行挑选,或是一位28岁的咨询师在考虑改变他的职业生涯,或是营销经理在辩论是否应该投资脸书、推特及其他新兴的市场营销渠道。选择的复杂性让很多人停滞不前,或是陷入无休止的分析之中。[①] 但你不去尝试,你就不会知道选择是否正确。来自外部的偏好告诉你要积极地做实验,看什么工作可以做,什么不可以做。这样你就是基于分析行动,而不是基于分析想法来做决定。

迈克·泰森(意识到自己的错误)

我见过太多的创新者孜孜不倦地完善自己的计划。这种努力的最终结果往往是活页夹装订的一本厚厚的报告,有着“锵”声的价值。[②] 这本报告包含了一切——行业分析、金融预测、对现有的与将来的竞争对手的剖析,以及下一代产品研

① 如果你想要体会六神无主的感觉,参见:巴里·施瓦茨(Barry Schwartz),《选择的悖论:用心理学解读人的经济行为》(*Paradox of Choice: Why More is Less*),纽约:爱步出版社(ECCO),2004年——这本书论述了选择更多反而会使情况更糟的现象。

② 写文章的时候加入一点拟声词总是好的,尽管“锵”也不算是一个真正的词。但我希望这句话的意思是显而易见的——“锵”的价值是指某样东西从18英寸的高度落到桌上时发出了令人满足的声音。咨询师们总是喜欢确保他们的PPT报告有很高的“锵”的价值。

发的路线图、图例、图表、嵌入的视频——甚至更多!

这一大叠报告中所投入的大量思虑是有价值的——它可以帮助读者更好地理解创新者所瞄准的行业和成功的要素。然而,据我所知,银行是不会接受“深思熟虑”的价值作为合法货币的。

历史上最负盛名的军事战略家之一赫尔莫特·冯·毛奇(Helmut von Moltke,年长的那位)是19世纪中期的普鲁士将军。① 他相信详细作战方案的价值,但同时也说过可以大致这样翻译的话:“没有一个计划能在战场上存活。”他清楚地知道,作为一个军事战略家必须做好准备,一旦战事发展导致计划的弱点暴露,就要随时改变。

不过我并没有把冯·毛奇将军雕凿到创新的拉什莫尔山上,而是选择了世界闻名的拳击手迈克·泰森,因为泰森说过一句值得大家铭记的话:“每个人都有一个计划,直到他的脸被狠狠地揍上一拳。”不管你是否喜欢,如果你正在做“创新”这事儿,你的脸肯定会被揍上一拳,没有一个商业计划能在市场中存活。创新者必须一开始就意识到他们的计划只有一部分是对的,而其余部分是错误的。计划本身并不能定输赢。处于逆境中的反应、进行转变的方法(这里借鉴了创新大师史蒂夫·布兰克的用词)才是最终决定成败的标准。

当意识到其实并没有完美的计划时,你会觉得挺解脱的。

① 维基百科(Wikipedia)告诉我们,另一位冯·毛奇(年轻的那位)是引起第一次世界大战的德国将军。

同时，也驱动了四个战略转移：

(1) 重新考虑你要投入的资源。为一个可能有致命缺陷的想法投入巨资显然是不合理的。

(2) 改变计划制订方式。一旦你意识到自己会犯错，就很容易发现创新大师麦格雷丝制订发现驱动型计划的方式有什么好处了。这一方式的基本要素非常简单直接。正如前文所述，你先断言一个结果，然后再反推什么假设必须为真才能让这个结果有望实现。找出关键假设，然后设计与执行一些活动来验证这些假设。

(3) 发展“组合”思维方式。不管你的愿望如何美好，你那才华横溢的想法结果总会变得没那么卓越了。那么你有没有计划 B 或计划 C 呢？还有什么能解决你或你客户的问题？如果你是一位领导者，如果在做的事情中有 2/3 是不能成功的怎么办？你要确保有后备方案。

(4) 改变对创新者的评价方式。大多数企业都是针对个人工作的结果做出表现评估。但是如果一个创新想法必然是在某些方面有瑕疵的，那么很有可能一位创新者做对了所有的事情但仍然会失败。想要点燃员工创新的火焰，领导者就必须将以前只奖励创新结果的方式转变为奖励符合成功创新模式的行为。

托马斯·爱迪生（释放你内心的“爱迪生”）

我们于 2008 年出版的《创新者的成长指南》一书的结论

中有向托马斯·爱迪生致敬的内容。[①] 虽然学术界针对爱迪生对于这份令人眩目的荣誉是否名符其实有所争论，但毋庸置疑，爱迪生很善于言辞。来看看爱迪生的经典名句：

> “如果一项发明不能为他人提供服务，我就不会花时间去完善它……我总是先找出这个世界需要什么，然后再动手去发明它。”（爱迪生的这句话与 A. G. 拉夫雷的“客户是老板”的思维如出一辙。）
>
> “如果我试了 10 000 种方法仍不能成功，我并没有失败。我不会气馁，因为每一个被丢弃的错误尝试都往往是前进的一步。”（爱迪生的脸被揍过很多下，可是他仍然稳步向前行进。）
>
> “大多数人都错失了机遇，因为机遇穿上了工作服，被伪装了起来，看上去就像普通的工作。”
>
> “天才就是百分之一的灵感加上百分之九十九的汗水。”

释放你内心的“爱迪生”是特别针对后两句的。虽然这本书的中心主旨是创新要比以往任何时候都更容易达成，但这并不是说创新是容易的。创新是一门科学。就像任何其他科学一样，要通过辛勤的努力来掌握。

---

① 我确信我之前所著的 3 本书中有 2 本最好的内容出现在结论部分。这很令人悲哀，因为没人会坚持看到结论部分。所以在这本书里我有意识地打破常规（虽然这本书的结论也很酷——我保证）。

当然，不是每个人都有机会体验一次转型，比如到初创企业去工作、推出一个像 iPad 一样改变游戏规则的产品，或是在国外生活。想一想马拉松运动员是如何训练的。他们不会一开始就跑上 20 英里。他们会先去健身房锻炼肌肉，以适应长跑。然后，他们会先从短程跑开始，等肌肉适应更长的距离后再逐渐拉长跑程。[①] 你也一样，开始的时候可以从小事情做起。就算是改变一下你每天上午的日常工作，也能加强你的技能，助你日后成为一名成功的创新者。当然，最完美的情况是你有越来越大的挑战，但是你应该总是寻求一些相对简单的方法来练习。

机构的领导者们应该思考如何为机构中的一流人才提供机会，以提升其创新能力，因为其实大多数机构评价人才的方式与创新者是格格不入的。在大多数企业中，对你的成功进行的奖励是更多更大的责任。企业越是指望你交付更多的业绩，你就越没有自由去创造能带来新增长的商机。对机构而言，应该有意识地委派后起之秀们从事一些模糊定义的任务，让他们提升处理不确定事务的能力。也就是说给他们一些小规模的任务，或是让他们远离核心业务，有意识地让他们接受一些新挑战，增强他们的创新能力。

---

① 至少他们是这样告诉我的。上一次我跑 1 英里是在 7 年级的时候，那时我比现在矮 6 英寸，体重却相同。那可能都算不上是真正的跑步，最多算是比较轻快的行走吧。我记得所用时间是 18 分钟。我当不了罗杰·班尼斯特(Roger Bannister)。

老罗伯特·N.安东尼（抵制"核心的吸食之声"）

我家里的书桌上放着一份1983年出版的《纽约时报》，上面登载的财团故事漫画名叫"斯多克伍兹"（*Stockworth*），作者是英达·斯德林（Hinda Sterling）和赫伯·塞雷斯尼克（Herb Selesnick）。漫画中给出了两位执行官的对话，第一位说："能量既不能被创造也不能被毁灭。它只能被转移。"他很得意地炫耀自己引用的是古代中国哲理（以及能量守恒定律）。另一位执行官说："净值等于资产减负债。安东尼的《会计学基础》。"

抬头仰望创新的拉什莫尔山上我祖父的面容，记住复式记账概念。所有的交易都要收支相抵。所有的强势都有一个相对应的弱势。

创新大师们用不同的词汇来论述这个概念。克莱顿·克里斯坦森指导人们去分析他们机构的"资源、流程与优选标准"。维贾伊·戈文达拉扬提出所有的机构都有着看不见却十分强大的基因。理查德·佛斯特则谈及阻碍发展新机遇的思维模式，我称之为"核心业务的吸食之声"①。

不管以前用什么语言来描述它，你需要意识到，你的核心

① 我确信这个词是致敬1992年总统候选人罗斯·佩罗特（Ross Perot）说过的话，当时他说签署《北美自由贸易协定》会产生"巨大的吸食之声"，把就业机会从美国移到墨西哥。但是我已经不记得自己第一次用这个词是什么时候了，也不记得是否是从某个更为雄辩的同事或客户那里借用了它。

的业务或个性都有一股强大的磁力，可以抓住你最强有力的思想，并将它变成之前的老样子。

为了更真实地说明这一问题，我们来玩一玩“谁本可以？”的游戏。这个游戏就是找一家热门的初创企业，然后问一问什么老牌公司本可以创立这样的新兴企业。十有八九的结果是，老牌企业其实都有过这样的项目，只是后来没有去做。

想一想脸书公司。脸书并不是天生注定要由一个学生在他的宿舍里创立的。当我问及我的听众们谁本可以创立脸书时，他们一般都会回答说微软（Microsoft）、谷歌（Google）、亚马逊（Amazon）或者雅虎（Yahoo!）等技术类公司！这些答案都是有根据的。但我会进一步追问我的听众，为什么人们爱用脸书。一个核心原因就是它提供了一种分享记忆与图像的简单方法。那么还有其他什么公司也曾帮助人们分享记忆与图像？柯达（Kodak）。有意思的事情就在这里。其实这家胶卷巨头早在 2001 年就有过类似于创办脸书的想法。那时候，柯达收购了一家叫作奥佛托（Ofoto）的公司，是当时领先的在线相册提供商之一。他们本可以说：“你要知道，我们的信条就是‘分享记忆、分享生活’。为什么我们不能让人们轻松地分享他们的相册照片呢？我们正在做的在线服务里还可以创建一个新功能，让人们也可以分享新事物。”

这个想法离脸书的实现只有两步之遥了。当然，柯达并没有迈出这两步。正如奥佛托公司的创始人之一詹姆斯·哲奎因（James Joaquin）解释说：“脸书是以人为中心的，不是以照片为中心的，那是个巨大的转变。”

柯达向“核心的吸食之声”屈服了，当时我在《达特茅斯日报》的团队把我们的互联网战略搞砸，也是出于同样的原因。这是阻碍创新成功的常见又真实的问题。一位接受过我们的咨询服务的企业领导人贴切地说道：“我们被组织起来提供持续、可靠的成果。这却是问题所在。”

企业若想打断“核心的吸食之声”，需要强势、积极的领导。成功的组织往往会保持并延续它们的成功模式；它们训练有素地去发现并剔除看似会造成偏差或者会分散注意力的事物。积极主动的领导可以为新想法提供“保护伞”，避免它们被寻找和破坏新想法的“企业的抗体”消灭。领导可以做的一件事，就是为创新建立一个安全区。想象一个阻止企业的抗体侵染新想法的隔离机制。创新大师罗杰·马丁的“对立思维”可以帮助领导人根据实际情况调整领导方法，与“核心的吸食之声”作斗争。

如果你觉得有什么问题让你停滞不前了，抬头仰望创新的拉什莫尔山，想一想能助你成功创新的四种关键的创新思维：

（1）关注外部观点。

（2）意识到你的第一个想法是错误的。

（3）释放你内心的“爱迪生”，开始挥汗工作。

（4）挣脱“核心的吸食之声”。

这些思维方式构成了28天创新课程的基础。在我们正式开始之前，先看一下通往成功创新之路上的7个陷阱。

第4章
创新的7种致命伤

如何避开通往成功之路上的陷阱

在过去几年中，我尝试了几种不同的方法来讨论杂乱安置在通往创新之路上的陷阱。最终，2010 年 7 月，在我作于新德里的一次演讲中，我对此作了一些归纳。7 种致命伤在创新的世界中是十分典型的，可以作为有用又好记的方式来指出创新者最常犯的错误。这些致命伤里有 4 种——骄傲、懒惰、欲望、贪婪——可以绊倒所有想要成为创新者的人。而嫉妒、愤怒、贪食则在大企业里特别严重。表 4 - 1 归纳了这些致命伤是什么，以及避开它们的方法。

表 4 - 1　创新的 7 种致命伤

致命伤	描　述	如　何　避　免
骄傲	将自己的质量观强加于市场，结果经常是做过头	关注外部观点，确保你了解客户是怎么衡量质量的
懒惰	创新前进的步伐缓慢得就像在爬行	释放你内心的“爱迪生”（“天才就是百分之一的灵感加上百分之九十九的汗水”）
贪食	受到丰足资源的诅咒，结果是努力创新的步伐过于缓慢，发展路线也过于平直	懂得部分匮乏的好处——在创新早期阶段限制资源以激发创造力

（续表）

致命伤	描　述	如何避免
欲望	因追求过多“明亮、闪光的目标”而分散了注意力	专注你的创新努力；记住创造完成之前常有破坏
嫉妒	在核心的与新的增长努力之间建立起“我们”VS“他们”的关系	不管对于核心业务还是新的增长努力，都要给予积极的称赞与庆祝
愤怒	严厉惩罚冒险的人	奖励行为，而非结果
贪婪	对增长没有耐心，导致偏爱低潜力的市场	对增长进程而非结果有耐心

骄傲与过度

人们在演讲时喜欢边演示边叙述，所以我总是随身带着几样道具用以说明关键点。我最喜爱的道具之一很简单，我每次旅行都要带着它——那就是我的剃须刀。我会举起我的剃须刀，问大家这是什么。听众席上精明的剃须刀使用者会认出这是一把吉列锋隐超顺动力震动剃须刀及其刀片系统。这是一件非常棒的产品，有 6 个刀片——5 片在上面，而第 6 片则在另一面用来修剪胡须。这些给出答案的忠实的吉列用户认为，超顺动力产品实现了吉列品牌所承诺的提供“男人所能得到的最好的产品”。

然后我会用 10 秒钟告诉他们吉列公司 100 多年的历史：“金·吉列（King Gillette）从单片的安全剃须刀起家，后来吉列推出了双刃刀片，然后是双片刀片的剃须刀，再然后是 3

片，一直到 5 片。你觉得接下来会发生什么呢?”我会抛出这个问题给听众。

接着我就展示一张几年前发表在《经济学人》杂志上的图（图 4-1）。这张图显示，如果技术遵循双曲线发展路线，那么几年后我们会看到 10 片以上的刀片组合。我又问听众谁有兴趣买 10 刀片剃须刀。这个问题经常引得听众哈哈大笑。当然，人们会买 10 刀片的剃须刀。但他们会愿意支付额外的费用吗? 大多数人不会，因为这种性能已经超出了他们的需求。创新文献中称这种现象为“过度”。我称其为创新致命伤之“骄傲”——也就是试图让事物按自己的愿望变得越来越好，即使这不是客户真正想要的或需要的。

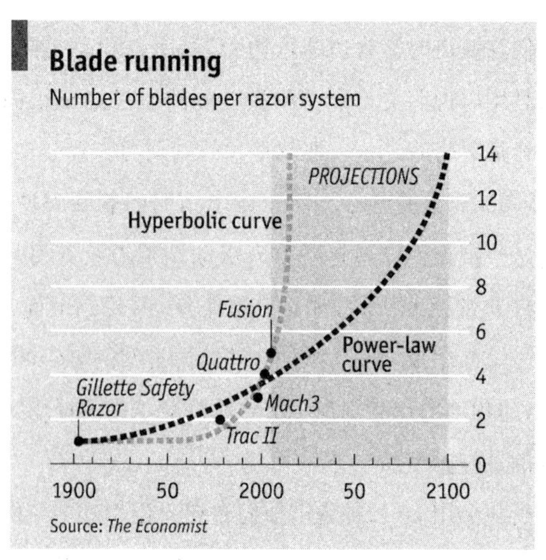

图 4-1
（来源：获得《经济学人》的转载许可）

幸运的是,吉列避免了这种骄傲致命伤。锋隐超顺是2010年推出的,吉列不再加上更多的刀片,而是将刀片做得更符合人类工程学要求,并更为简单易用。这种改进也是基于对客户需求的深入研究,以理解他们在剃须时被什么问题困扰着。这是避免骄傲致命伤的最简易的方法——确保你是立足于市场需求之上,而非你自己的需求之上。

懒惰与流汗

在一个古老的寓言"龟兔赛跑"里,慢腾腾而稳重的乌龟最终在比赛中赢了快速起跑却傲慢的兔子。虽然这种事情在创新的世界里偶尔也会发生,但多半的情况是,创新的步伐总是太慢。等到一家企业开始考虑要做某件事时,机遇之窗已经关上。为什么创新来得这么慢?这倒并不真是懒惰造成的,而是因为人们在错误的事情上多花了时间,最典型的就是强调分析而非行动。

用活动塞满你的一天,让人感觉你在为解决一个问题忙碌不停并取得进展,其实是很容易做到的。你可以做一个清单,列出你要做的事情,然后划掉几件简单的事情。你可以制订一个详细的90天计划,描述你会如何达成你的目标。你可以为你的想法做研究,或者制订一个90天的研究计划。你甚至还可以创建一个电子数据表,模拟你的想法会产生的影响力。

这些事情都不错。但是要记住,你的第一个想法几乎总是错误的。而且光靠分析是不可能精确理解它错在哪里的。你必须要切实地去做这个事情。

记住创新大师托马斯·爱迪生的经验——如果你没在流汗,那你就不是在创新。

贪食与丰足资源的诅咒

创新大师理查德·佛斯特的第一本书有个副标题“进攻者的优势”。佛斯特列举了让进攻者领先于市场主导者的所有因素,比如这些主导者会比进攻者失去更多,根深蒂固的流程模式让他们害怕改变,觉得进行改变困难重重。佛斯特是个非常睿智的人,他的分析绝对是正确的。但是这里还有个很具有挑战性的难题:那些市场主导者通常占有更多的资源。

你可能会说:“等一下,为什么占有更多的资源会成为问题?”这就是丰足资源的诅咒。钱袋充足就可以让企业花费过多的资源去贯彻错误的战略。它们可以动用大批人力去解决某个问题,然而所有人都知道,一般来说小团队比大团队的行动更迅速。大企业可以非常耐心地等待结果,没有意识到这种耐心实际上阻碍了他们找到创新大师史蒂夫·布兰克所称的“轴转点”。

我的上一本书名为《创新者的应变》(*The Silver Lining*),是因为我相信 2007—2008 年的经济震荡对创新是有好处的,因为它带给许多企业的限制会迫使企业们去做他们早就该做的事情——看到部分匮乏的好处，这样在资源丰足时，这种奢华才不会变成一种诅咒。

欲望与明亮、闪光的目标

2007 年，威利·史（Willy Shih）受邀来参加过几次创见公司的董事会议。威利·史是一个非常敏锐的人。任教于哈佛商学院之前，他曾在一些著名的企业工作过，包括 IBM 和汤姆森（Thomson）。20 世纪 90 年代后期，他有幸但也不幸地成为柯达公司数字业务负责人，直接体验到市场领导者面临转型时要做出正确应对是何等困难（即柯达案例中的数字影像）。2006 年，他开始任哈佛商学院兼职教授，协助克莱顿·克里斯坦森授课。他很快就成为好评度很高的教授与多产的案例研究作家。

第一次会议期间，史教授听我们讲述了创建培训业务、在亚洲开拓市场、增加风投活动、提高新闻通讯的订阅收入、创建市场调查业务、创立投资银行、为对冲基金募集资金等方面的工作。[①] 那个时候，我们是一家拥有 35 名员工、全球总收入约 800 万美元的公司。

史教授打断了报告，对我们说："你们有明亮、闪光的目标问题。"我们对于能做些什么事情很好奇，史教授说那是好现象，但同时也导致我们被这些看上去有趣且能做的事情分散

① 我得承认我也不知道什么是商业银行。

了注意力。也就是说，我们不可能在任何一件事情上做到世界一流。虽然很困难，但是创新者必须作出合理排序。以我们公司为例，我们的首要任务是专注于自己的核心咨询业务；把投资集中在地域上的扩张；找一家合作伙伴来推动培训业务；改变并简化我们的出版战略；把市场调研、风投和对冲基金放到最后，至少目前要这样做。

绝不要忘记创新大师约瑟夫·熊彼特关于"创造性破坏"的理念。停止与开始是同等重要的，贪恋太多只会使你到最后一无所有。优秀的创新者会小心挑选他们追求的机遇，在挣脱"核心的吸食之声"与陷入追求明亮、闪光的目标之间保持好平衡。

嫉妒与佩戴星星的史尼奇

大多数人会同意，达特茅斯大学毕业生里最出名的要数1925级的西奥多·盖塞尔（Theodor Geisel）了。你可能知道他的另一个名字是苏斯博士（Dr. Seuss），他是著名的文学作品《帽子里的猫》（*The Cat in the Hat*）、《哦！你要去的那些地方》（*Oh! The Places You'll Go*）、《史尼奇和其他故事》（*The Sneetches and Other Stories*）等的作者。

可能有人不记得第三本书的主要故事内容了。故事讲的是两种史尼奇，一种是"肚皮上什么都没有的史尼奇"，一种则是"肚皮上有星星的史尼奇"。星肚史尼奇趾高气扬，认为他们优于没有星星的史尼奇。然而，有一天，一位麦豆先生带着只有在苏斯王国里才存在的绰号“西尔维斯特·麦克”的猴子出现了，他们的机器能在史尼奇的肚子上印上一颗星星。肚皮上什么都没有的史尼奇争相排队印上了星星。然而，当然星星就不再是什么特别之物了。于是这个人又创造了能去除肚皮上的星星的机器。于是乎，史尼奇们一会儿贴星，一会儿去星，折腾得不亦乐乎。故事结尾，史尼奇们发现被骗走了很多钱财，但是他们同时也增长了智慧。显然，这个故事想要表达的寓意是追求一致性以及基于愚蠢而表面的标准判定社会地位的危险性。

当机构内部的创新者声称他们才是优选的精英时，相应的创新致命伤就发生了。他们嘲笑核心业务以及公司落后的思想阻碍了公司的发展。但是别忘了，没有核心业务，就没有企业创新。如果企业内的创新者没有用到任何核心业务提供的资源，那他就只有与外部创业者单打独斗了。大多数情况下，我可以肯定，企业内的创新者会输掉。虽然创新大师维贾伊·戈文达拉扬谈到要忘记核心业务，他同时也谈到要借鉴。2010 年，他与克里斯·群伯合作撰写的文章《停止创新战争》(*Stop the Innovation Wars*)发表于《哈佛商业评论》，并获得麦肯锡奖。文章呼吁企业要避免内耗，因为它们会使发展努力偏离轨道。不管是对核心业务还是对新的增长所付出的努力，领导者都要一如既往地加以赞许，这样就能防止内部斗争的发生。

还有第二种更为微妙的星肚史尼奇问题，它与嫉妒的关系不大，但也很重要。开始为创新而努力的企业经常表扬业绩最好的人员，给他们的胸前佩戴一颗星，称赞他们为创新者。有时候这种方法是有效的。但在核心业务领域，表现最佳的员工经常就会在调整成功创新所需行动与思维时磕磕绊绊。企业需要考虑如何用不同的方法组成其创新团队，选拔一些受过良好创新技能训练的人才。

愤怒与大棒

企业领导者经常会问："怎样的鼓励才能激发出员工们的创新动力？"问题背后潜伏着一种忧虑，就是企业无法占得上风——尤其是大型企业、上市企业，因为它们没法跟那些创立了自家公司的创业家们一样有先机可得。

丹尼尔·平克(Daniel Pink)的书《驱动力》(*Drive*)就生动地论证了，向有创造性导向的任务团队提供经济奖励实际上不能提升其业绩，甚至会起到反作用。平克建议提供自主性、获得控制权的机会，以及对创新目标的感觉，这些对提升创新团队的业绩会有所帮助。除了奖励("萝卜")以外，领导者还需要慎重地考虑给予一些惩罚规则("大棒")。一位愤怒的领导者会惩罚创新的失败，叫喊着"失败不在我的词典里"。但是对于创新，失败在所难免。无懈可击的商业计划并不总会真的变成蒸蒸日上的业务。记住，你至少要对团队的行为和他们取得的结果付出同等的关注。许多风投家会更青睐那些创业简历上有过一两次冒险失败的创业家——只要他们能从失败中吸取教训。

大企业经常会严厉地惩罚冒险失败的员工。如果你惩罚了那些经过深思熟虑后仍然愿意承担风险但最终没有奏效的员工，那么传达了什么样的信息呢？你觉得这样会激发你的员工再甘愿冒风险的动力吗？

如果你想要鼓励创新，仔细考虑奖励什么、惩罚什么。两者都很重要。

贪婪与对增长缺乏耐心

麦克尔·道格拉斯（Michael Douglas）在电影《华尔街》（*Wall Street*）里饰演的戈登·盖柯（Gordan Gekko）向世界宣告："贪婪，我缺乏一个更好的词汇来表达，是好事。"很多企业巨头都吟唱这咒语，相信对利润的追逐会使市场运行更有效率，消费者也会持续受益。

贪婪有它的长处，但是创新者们需要确认他们是对正确的东西有贪图之心。创新者经常对增长产生贪婪，希望业务增长得越多越好。为什么这样可能会成为一个问题呢？如果你寻求快速增长，你就不得不依靠现有的东西。毕竟，要让一个还不存在的市场变得巨大是非常困难的。但是创新大师克莱顿·克里斯坦森的研究表明，对于一个市场外来者来说，要实现现有市场的急剧增长是相当困难的，因为这市场里现有的玩家会失去很多，他们就会拼命守护住自己的每一分收入。

最棒的创新者会避免追求更大、显著、立竿见影的市场诱惑。这些人会对增长持有耐心。一旦证实他们所遵循的方法具有独特优势,他们应不遗余力地展开追求。

第1—3章讲述了创新和培育创新的工具和思维方式。本章总结了如何避免创新的7个致命伤,以免被它们拖离事业轨道。

现在你已准备好开始接受系统训练课程了,学习运用这些工具并结合你对创新的理解来提升企业的创新能力。第2部分“28天创新课程”会帮助你做到这一点。

第 2 部分

28 天创新课程

本书的下半部分给出了一份28天学创新的课程计划。每天都有指导行动的锦囊，帮助学习者更好地掌握创新。这份课程计划包括4周的学习：

第1周：发现机遇

第2周：为创新点子绘制蓝图

第3周：评估测试创新点子

第4周：往前推进

每天的学习始于这一天需要应对的中心问题和对这个问题的简短回答。然后作者会对答案加以更为详尽的阐述，并用案例分析说明关键点。每一天都有“如何去做”的锦囊，帮助学习者将这一天的中心主旨即刻付诸行动。正如前文所提到的，这份计划可以按照顺序逐天执行，也可以抽取一些内容进行学习。有一些建议的活动可能一天做不完。但不管如何，立即付诸行动才会帮助学习者为今后更深入地开展创新打下坚实的基础。

第 1 周

发现机遇

创新有时看上去是随机发生的，但最棒的创新者遵循着一套严谨的规则，有步骤地去发现机遇，做出独特而有影响力的创举。第 1 周的创新培训计划就聚焦于发现过程，利用创见公司帮助一家印度企业集团重塑当地冰箱市场的例子，以及《兔八哥》(*Looney Tunes*)的经验加以说明。

练习这些技巧的最佳方法，是将其应用于一个实际的问题中。你可能已经有了一个希望付诸实施的创新点子。如果没有，就思考一下工作中或家庭中的一个一直困扰你的问题。本周会帮助你实现以下目标：

(1) 识别你的目标客户；

(2) 识别这个客户正在努力解决的问题；

(3) 发现这个客户不满足于现状的征兆。

第1天

早做准备

中心问题	一句话简答
我如何知道现在是创新的时候了？	观察早期的预警信号，因为创新的迫切性与创新能力呈反比关系。

如果你已着手学习这套28天的创新课程，很有可能你已认识到创新的重要性。尽管如此，你可能还是在想："我真的需要学习课程中的所有内容吗？创新似乎很难。我怎么知道我真的需要创新呢？"

这种疑问合情合理。而我的答案始于一个不起眼的地方。暂停一下，请你想一想现代邮局超高的效率。看上去很不可思议，对吗？但在大多数国家中，邮局每周至少5天——也许还不止——在与邮件物品的地址打交道。尽管每个人都说得出邮件或物品丢失的故事，但绝大多数的邮件都送达及时并完好无损。这真是一种奇迹！

当然，在数字化时代，邮政业务也显得有些过时了。现代技术的兴起给邮局施以重压。然而，问题来了。到底什么时候美国邮局清楚地知道自己有麻烦了？

一个自然的时间点应该是1994年，网景通信公司推出了自己的浏览器，标志着现代互联网时代的来临。然而，当时邮寄信件的数量并没有因为电子邮件和其他形式的即时信息联络的渗透而减少。事实上,从某种意义上讲,商用互联网的兴起还增加了对传统邮件服务的需求。毕竟电子商务交易的产品还是需要实际交付的。2010年,DVD租赁商网飞(Netflix)公司报告称其每天通过美国邮政递送200万张DVD!新的技术还促进了企业更好地调整它们对直邮服务的市场营销,增加了经济效益。①

一直到2007年左右,当邮件数量确实开始减少时,美国邮政才意识到必须要改变了。问题又来了——当每个人都认识到邮局必须要改变的时候,改变就显得尤为困难。我称其为"创新者的悖论"。时机好的时候,你有能力去做一些不同的创举,但那时感觉和需求并不紧迫。时机不好的时候,你迫切地需要用不同的方式去做事,但那时已极度困难。为什么?因为企业最终将大部分的时间疲于应付突如其来的核心业务危机,能够支撑创新的现金流被抽干。新增长点对于解决当前的问题来说显得杯水车薪。此时企业不得不采用一些非常规性的举措,但这种努力几乎都不能成功。创新大师克莱顿·克里斯坦森称之为"增长鸿沟死亡螺旋",意思是企业为弥补增长鸿沟所做的努力实际上只会导致更大而不是更小的鸿沟产生。

令人不安的是,这种模式在一个又一个行业中重复着。

① 你知道为什么你总是收到那么多垃圾邮件吗?因为它是有效的。只要收到邮件的客户中有1%采取行动就足够了,所以直接发邮件是一种性价比非常高的营销手段。

2006 年的夏天，我在一家大型媒体企业开高管研讨会，谈论着这个行业中潜在的巨变，并以 YouTube 为例，它当时还是初出茅庐的服务商，主要播放一些私人视频。

听众席中有人向我提出质疑："就算把在 YouTube 上收看过视频的人都加起来，也比不上模糊不清甚至收视率很低的有线电视节目观众数量，我们不必担心这种垃圾。"

当然，在那个时候这位听众是正确的，但是 YouTube 发展迅猛，2006 年被谷歌收购以后一跃转型成为电视行业的劲旅。2010 年起，谷歌也开始渐渐跻身于电视市场。

2008 年，在我主持的一个新闻行业大会的专题讨论会上，柯达总裁菲利普·法拉奇(Philip Faraci)讲述了"创新者的悖论"，很有说服力。① 柯达已清楚地看到了数字图像对于行业转型的潜力，但是法拉奇说："我们的核心业务仍然在保持增长。"1999 年，柯达的照片业务创造了 103 亿美元的峰值。2000 年，业务似乎仍很平稳，销售额达到 102 亿美元。虽然 2001 年时缩减了 8 个百分点，跌到 94 亿美元，但那是因为正值经济低迷时期。柯达正是从那时起业务量开始加速下滑(2010 年底前掉到 10 亿美元以内)，但对于柯达高层来说，要把他们听到的故事(未来属于数码化)与他们看到的数据(数码化仍很遥远)协调起来简直太难了。

---

① 很明显，新闻行业也饱受创新者悖论之苦。尽管 20 世纪 90 年代末充斥着这个行业要消亡的报道，到 21 世纪初这个行业又强劲起来，并且比互联网商业化之前赢利更多。当然，表象之下潜伏着强大的、会引起巨大改变的力量——大部分是负面的。

当手头的数据并不能得出最终结论时，看到危机的存在就显得非常困难。正如我最喜欢的名言之一："如果到了明明白白写在墙上的时候，每个人都能看到了。"你可以在《远见》(*Seeing What's Next*)这本书的结论中找到这样的话。[①]

每个家庭都有这类故事的翻版——花钱阔绰的叔叔突然失业，债台高筑；长期在工作与家庭间艰难抉择的表亲离婚了；饮食习惯不良、缺乏锻炼的同事出现心脏衰竭。这种模式极其相像。所有情况都看上去不错，直到有一天开始变糟了。而当那一天来临时，你想用不同的方式去改变的自由度也明显减小了。

那么，你怎么办？如果你想要了解何时需要改变，不要只看事物的现状，还要问这样三个问题：

(1) 潜在的趋势告诉我们将来会出现哪些状况？在邮局的案例中，与以往相比，放缓的增长速度应该已经足够作为警示，表明需要认真考虑改变了。我们实际上帮助上述提到的媒体企业做了一些直观的场景分析，如果一场更新换代的"完美风暴"来临，可以看出这家企业所面临的遭遇。结果自然是非常惊世骇俗的，这也提供了足以让其采取行动去改变的动力。很明显，金融策划师与医生做着极为类似的工作，那就是显示出某一特定行为会产生的影响(有时方式会极为复杂)。

(2) 那股规模尚小却势头强劲的改变趋势在哪里呢？创

① 又一个把最好的留到最后的例子。我在想，有多少人真的读过克莱顿·M. 克里斯坦森、斯考特·D. 安东尼和埃里克·A. 罗斯(Erik A. Roth)所著的《远见》这本书的结尾？我发誓，这个结尾真的很好。

新大师卡尔·荣恩(Karl Ronn,“第 6 天”中的核心人物)在读过这本书的初稿之后提供了这样的思路:“任何一种在规模上成倍增长的业务都可能是潜在的威胁,这与规模大小无关。别人正做着本该由我们做的产品试销。这是提醒你勿以事小而略之。” 荣恩提出的建议都很有帮助,包括这一条。

(3) 从类比与比喻中能学到什么?柯达、邮局、那家媒体企业都面临着同样的威胁——被另一种“足够好”、更便宜的选择所取代。它们也不是唯一面临这种改变问题的 3 家机构。克里斯坦森的《创新者的窘境》一书中提供了很多类似的行业案例,从硬盘驱动制造、挖掘机到会计软件,行业跨度很大。你值得时常问问自己,是否遇到了曾经成功一时的企业所面临的类似状况。

你经常需要一双敏锐的眼睛及一些创造力去发现尚在变化萌芽期的微小信号。在这方面花费努力是很值得的,否则就有可能面临被卡在“死亡螺旋”中或陷入进退两难的境地。

锦囊教你如何做:

✓ 登录 1 个知名的金融网站,算一算你现在的存款利率和你未来想要过的生活是否匹配。

✓ 创建 1 个清单,列举 3 个表明你或你的公司需要大幅度改变发展战略的标志。

✓ 查一查过去 12 个月里 10 支表现最好的股票,跟你的朋友讨论一下,是否有迹象表明其中 1 支股票的公司处于“创新者的悖论”状况中了。

第 2 天

记住,客户才是老板

中心问题	一句话简答
我如何发现创新的机会?	从客户才是老板的视角去思考。

2000 年 3 月 7 日,宝洁公司发出警示,称其将达不到预期的季度营业额。这看起来可能不算什么大事——毕竟,公司营业额有下滑是常事,但这在宝洁不常发生。该公司自二战以来只发生过一次营业额没有达到预期。2000 年 3 月的消息一经发布,其股票震荡下跌 31 个百分点。3 个月后,宝洁公司董事会主席与首席执行官德克·雅格(Durk Jager)辞职,董事会任命创新大师 A. G. 拉夫雷担任首席执行官(2002 年他出任董事会主席)。那一周宝洁公司的股票又下跌了 11 个百分点。

拉夫雷开始了让宝洁公司重振旗鼓的艰难工作。他做出了至关重要的一个决定——通过创新来赢得胜利!这个决定最终帮助他在创新的拉什莫尔山上赢得一席之地。这个决定来自他对于创新的核心理念,即创新是一门可以被管理和被掌握的学科。他开始致力于将创新细密深入地融进宝洁公司的企业文化。

A. G. 拉夫雷（由宝洁公司提供）

拉夫雷把一部分精力花在了让员工转移焦点的工作上。宝洁公司以将决策建立于对客户的深入理解（而不是基于深思熟虑）而闻名世界，然而拉夫雷发现公司已经偏离了这一轨道。

拉夫雷对我说："我们每个人每天都是这么忙碌——我们把耳朵贴着手机；我们总埋头于黑莓手机与PDA或者对着电脑屏幕；各种会议消耗了我们的时间与精力。那么你想一想，我们背对着什么？我们的脸总是对内，那我们的背正对着我们的客户啊！"

拉夫雷在用通俗易懂的方式表达复杂的理念方面很有天赋。他为宝洁公司的重新凝聚制订了一个简单的准则："客户才是老板"。他会这样对他的同事们说："宝洁同仁们，我想让你们见见你们的新任老板。你可能会想当然地认为我——你们的首席执行官——就是老板。那是不正确的。那你可能会认为是董事会，我需向其汇报，它会是老板。那也是不正确的。你也许会认为我们的股东是老板。那也是不正确的。你甚至会想你的上级是你的老板。那也是不正确的。我们只有一个唯一的且有决定作用的老板，那就是我们的客户。客户才是老板。"

宝洁公司以往从没有领导人像拉夫雷那样敦促员工去倾

听客户的意见。宝洁公司必须听到客户在说什么，并且更重要的是，还要梳理出客户没有说出来的意思。

拉夫雷强调要特别关注“两个真实时刻”——客户选择一件商品的时刻和客户使用一件商品的时刻。宝洁公司必须要更多地去倾听客户在这样的时刻所提出的意见，因为在这种时刻更能发现问题，更能找到创新的机遇。

“客户才是老板”不仅仅是老总挂在嘴上的一句口号。宝洁公司加大了在市场调查方面的投入，并积极鼓励其员工走出大楼，跟客户走到一起。宝洁公司启动了两个计划，“生活在其中”与“工作在其中”。基本宗旨是每个宝洁人，从董事会主席到以下所有人都要花时间与客户一起生活、一起购物，或在客户身边工作。许多产品的开发灵感都来自这种努力。比如，一位女性客户因将咖啡渣溅到地板上而懊恼不已的一幕，激发了宝洁速易洁生产线的建立。

如果你碰巧遇到一位宝洁员工，询问其最近一次与客户接触的经历，大多数情况下，这位员工会立即容光焕发、兴致勃勃地讲述自己与客户在一起时学到的东西。宝洁公司的办公室里全是客户的图片。市场营销的计划也充斥着令消费者感到生动有趣的照片与图例。

其他公司也遵循了“客户才是老板”的理念。百思买(BestBuy)并不依赖干巴巴的客户细分模式，而是给各种类型命名并赋予其个性特征，使其鲜活生动。我甚至听过这样的故事(因为没有具体的名字，所以有可能是杜撰的)，一家公司将一个人体模型搬进会议室，让其作为客户代表，在关键决策会议上有一席之地。

不管你是否实际服务于终端客户，这种“客户才是老板”的理念对你总是有帮助的。毕竟，几乎每个人都有自己的“客户”。销售员有销售合同；IT 支持小组成员需要为公司员工服务。许多公司还不止一个“老板”需要取悦。宝洁公司最重要的客户并不是个人，而是沃尔玛(Walmart)、家乐福(Carrefour)、塔吉特(Target)，以及数以百万计的散布在世界各地的小零售商们。如果宝洁公司想不出什么方法能使这些零售商们满意，就别指望能让终端客户们满意了。医疗器件企业必须为使用其产品的医生和护士们、支付医疗账单的保险公司、购买其产品的医院、制订规则的政府部门、病人，以及病人的家属多考虑。

“客户才是老板”的理念会使你学会通过其他人的眼睛看这个世界，帮助你感受到他们的希望、梦想、挫折和要求。对这些感受的理解为你发现创新的机遇提供了至关重要的信息，而发现机遇正是本周我们主要的训练内容。

把握这个理念还能帮助你化解家庭生活与工作的矛盾。这个道理非常简单，但这种通过转换视角所获得的感受却能帮助你看到你平时所忽视的东西。

举个例子，几年前我因为收到一位初级咨询师给我的负面评价而感到心情沮丧。我不禁向我的同事大卫·邓肯(Dave Duncan)吐槽：“这种评价简直就是胡说，没有客观性，我想不出为什么他会有这种想法。”

邓肯说：“你知道吗？上次考核评估的时候我也收到过让

我十分沮丧的评价。一开始我大为恼火，因为这评价简直就跟疯人病语差不多了。然而，写出这个评价的人对此深信不疑。因此我问自己我究竟做了什么事情，让一位聪明人有如此反常的想法？”

现在我总是努力听从邓肯的建议。毕竟，我们的想法在我们自己的头脑中总是对的。跳出你自己，问一些这样的问题：“那个人在什么样的假设前提下做出了这样的表述？这个人生活里还有什么事情会影响到他或她所说的话？”

毕竟，客户才是老板。

锦囊教你如何做：

✓ 赋予你的目标客户们生命——给他们取名字，描述一下他们是做什么的，再找到能将你与他们联系在一起的图案。

✓ 具体列出你在过去 3 个月里与客户或主要利益相关人在一起的时间。找到 1 个方法，将这段时间增到 3 倍。

✓ 回顾一下近期你在工作上或家庭中的 1 个争执——试用“客户才是老板”的理念去理解你的反对者论点背后的想法。

第3天
完成工作

中心问题	一句话简答
什么预示了一次创新的机遇？	寻找一项重要且没能让客户满意的任务，或者一个客户目前无法充分解决的问题。

你要成为创新者的最大挑战，就是学会了解没有得到满足的想法、要求和希望，因为它们蕴含着创新的机遇。

我可以告诉你有一件事不要做。不要去问你当前的或者预期的客户这样的问题："您想要什么？"大多数客户其实并不擅长回答这个问题。而且这样也经常会引申出另一个更像是请求的问题："您为什么不再多买一些我正在销售的产品呢！"

在创见公司，我们用的是因创新大师克里斯坦森而流行起来的名言。在《创新者的解答》一书中，克里斯坦森和麦克尔・雷诺(Michael Raynor)陈述了这样一个概念，即"要做的工作"。这个概念很简单，人们不是"买"产品和服务，而是"雇用"这些产品和服务去完成工作。

在演讲中，克里斯坦森用一个幽默的故事做了举例说明。一家快餐企业想要加快奶昔产品的销售，尽管这家企业认为竞争来自其他快餐行业竞争者所销售的奶昔产品，但更为深入的调查指出有两项不同的工作要去完成。早晨，驾车一族面临着一段漫长又无聊的上班旅途并在上班路上寻找“陪伴”。奶昔具有稠度高(喝完一杯奶昔要花整整20分钟!)、可以单手喝、可以提供一上午所需的卡路里等优点,深受驾车一族的欢迎。到了下午,一整天都对孩子说这个不行那个也不行的父母们在寻找一个“简单的安抚手段”。克里斯坦森指出,问题在于那些深受早晨上班族喜爱的产品特色却惹恼了家长们,因为他们想要稀一点、包装小一点的奶昔。

克里斯坦森的言语传递了其他卓越管理大师的思想。本书前文所提及的彼得·德鲁克,他在半个世纪前曾阐述过类似的观点:“客户几乎不会买企业认为正在出售的东西。理所当然的一个原因就是,没人为‘产品’买单,人们只为‘满意’买单。”企业总是认为它们在销售产品或服务,但是客户们不是这么看的。客户们有他们的困难,而企业们则有可能的解决方案。哈佛商学院的宗师泰德·莱维特(Ted Levitt)有4篇发表在《哈佛商业评论》上的论文获了奖,其中《营销短视症》(*Marketing Myopia*)这一篇是我的最爱。他曾对自己的学生们说过:“人们并不想要1/4英寸的钻头,他们想要的是1/4英寸的孔。”①

“客户努力想要完成的工作是什么?”这个问题看似简单,却是发现创新机遇十分有效的方法。

---

① 这句话在很多创见公司员工的著作中被引用,但没有人找到文献记载证明这句话真的是莱维特说的。他确实写了《营销短视症》一文,于1960年发表在《哈佛商业评论》;令人叹服的是,这篇文章发表50年后,给众多读者仍带来如此强大并令人痛苦得真切的启迪。

我们来举一个例子，看看这个问题是怎样帮助改进创见公司的服务的。公司的核心是战略咨询，也就是说客户雇用我们协助解决他们自认为无法独立完成的难题。我们的专长是创新，因此，一般来说客户会要求我们创建工作流程来支持其创新，并培训主管，以便让他们更好地接纳创新、发现机遇，等等。

2010年，在一次战略评估会议上，我们反思了几年前为一家饮料企业做的一个项目。客户要求我们找到新的增长机遇。我们认为这是一个伟大的项目。我们策划了一些令人信服且富有创意的点子。在最后一次项目会议上，大家全体起立，热烈鼓掌，庆祝项目圆满结束。在我们特别推荐的几个创意中，有一个创意后来被拓展为一个百万美元的品牌。

那么这个项目真的成功吗？我们做了客户要求我们做的事情。我们赢得了满堂喝彩。然而，我们的客户并没有用我们的真知灼见做任何事情，是另一家公司启动发展了那个百万美元的品牌。

所以，我们要问，为什么那个客户要我们找新的增长机遇呢？我们的任务并不是要赢得全体起立这样的满堂喝彩，也不是进行分析，或把分析结果做成一个非常漂亮的PPT报告。客户真正需要的是在我们的帮助下，使本无法做好的业务实现增长。从这个角度来衡量的话，我们的项目是失败的。

这一发现帮助我们意识到，在某些情况下，言语、指导、建议等都是不够的。有时候客户需要有人助其将新增长的业务做好。于是我们决定组建一个专家团队，并冠以“创见实验室”之名来帮助客户完成任务。①

这种以“待完成任务”的视角去看待问题的方法，对创新是至关重要的。举个例子，如果你在IT部门上班，想一想终端用户真正努力想要完成的任务是什么（许多情况下，跟IT毫不相干）。如果你正在想办法缓解与一位同事的紧张关系，想一想这位同事真正想要完成的任务是什么。

当然如果你现在去问客户想要完成的任务是什么，很有可能他们会给出一副迷茫的表情。一个最简单的办法就是不停地问“为什么”，直到你找出那个最根本的问题。比如：

“你为什么要买一个钻头？”“我需要钻一个孔。”

“你为什么需要钻一个孔？”“我需要挂一幅画。”

“你为什么需要挂一幅画？”“我想让卧室变得好看些。”

“你为什么想让卧室变得好看些？”“我岳母上次来的时候随意地评论了一下，我不想让这种事情再发生了。”

诸如此类。细致的分析会帮助你通过功能性的思考而进入情感（人如何看待自己）与社会（人如何与他人关联）领域。

---

① 有助于达成这一决定的一系列研究也揭示了如何克服一份良好的商业计划与运行良好的业务之间的阻碍。这将是我下一本书的主题。这本书暂时定名为《铺平第1英里：填平良好的商业计划与运行良好的业务之间的缺口》（*Paving the First Mile: Bridging the Gap Between Beautiful Plans and Beautiful Businesses*），将于2013年出版。该书已由哈佛商业评论出版社于2014年出版，书名为《第1英里：将好点子推向市场的操作手册》（*The First Mile: A Launch Manual for Getting Great Ideas into the Market*）——译者注。

这种方法的目标是将着力点从解决方案移向困难本身，因为对于困难的深入理解可以让解决方案变得显而易见。

简单的提问能引出重要的发现。只要你是在寻找创新的机遇，你就得记住问这个问题：“什么是客户迫切要完成的任务？”

锦囊教你如何做：

✓ 持续不断地问“为什么”，以确定你现在能为此所做的工作，或通过创新点子去完成这项任务。

✓ 记下24小时内你所遭遇的挫折点，训练自己发现挫折点的能力。

✓ 走出大楼（在本周的下半周你还要这样做），观察1位潜在客户是如何度过他（或她）的这一天的。写下这个人正在拼命完成的3件任务。

第 4 天

开发没有形成消费的市场

中心问题	一句话简答
我的目标客户是谁?	寻找正面临阻碍,无法完成任务的“非客户”人群。

回到 2006 年,一家叫 Godrej&Boyce 的印度集团公司找到我们公司,提出了这样的问题:“我们如何与通用电气(General Electric)、惠而浦(Whirlpool)、LG 这样的企业竞争冰箱市场,并在这场生死商战中获得生机?”印度市场一直倾向于西方正牌的冰箱,多年来,这家企业为了赢得一些小小的份额,与世界大腕们进行着殊死竞争。

我们从头梳理了一下问题后发现,与其和那些大腕们争夺只占市场总量 15%的有购买冰箱意向的份额,为什么不瞄准剩下的 85%的部分?

我们理一下大师们给出的思路,他们用不同文字表达了这样的意思,其中包括创新宗师克莱顿·克里斯坦森(“开发没有形成消费的市场”)、金伟灿和芮妮·莫伯尼(“找到强劲对手不多的蓝色海域”),以及 C. K. 普哈拉(“瞄准经济金字塔的底层”)。不管你准备用什么字眼,如果你正在试图发现一个创新机遇,一个经历过时间考验的技巧就是寻找一个人群,他们正面临某些阻碍，被束缚了解决生活中一些紧迫困难的能力。特别是要找那些觉得目前的解决方案太复杂、太昂贵或是太难得到的人。

为什么印度市场中还有占85%的人群不买冰箱？这个问题并不难回答。冰箱的价格相对较贵，很多印度人都把冰箱当作他们承受不起的奢侈品。就算是对那些买得起冰箱的印度人来说，冰箱耗电量大，高昂的电费也使冰箱的运行成本大大提高。而且印度的供电不稳定，常使需要插电的冰箱形同摆设。对于那些住在贫民窟简陋小屋里的印度人来说，冰箱在他们的住处占地儿太多了。

摄像师：索密克·卡尔（Soumik Kar）

但并不是说这个消费者群体就不想要冰箱，只是他们没有能力得到冰箱所能带来的益处。Godrej 公司现在的问题就是如何能让这个消费者群体获得满足？他们想要努力完成的任务有哪些？

Godrej 走出大楼，花时间与消费者在一起，发现至少两项重要的工作。家庭中的男性一天要花 14 个小时甚至更长时间在酷热中干体力活，累得腰酸背痛。“我希望可以给自己一点小小的奖励。长长的一天过去的时候能有一杯冷饮就行啊！”体力劳动者会这样感叹。而这位工人的妻子干着不一样的活，她可能会问这个问题：“我厌倦了花费一生的时间来煮饭。难道就不能把食物多储存一天？”请注意这与西方人的状态是多么不同。在西方，一般人们会提前准备好三餐的食材，一周去一次超市，等等。

有了这样的发现，Godrej 公司设计了一款特别的冰箱。2009 年该公司推出了 ChotuKool 产品。第一款产品看似一个小型冷藏箱。该产品用电池提供电源，冷却器利用了笔记本电脑用风扇冷却电池的原理。放东西时从上方打开盖子，这样门开的时候就不会散失冷气。冰箱盖设计得像个笑脸。更重要的是，一台冰箱才 70 美元左右，比同类产品便宜多了。2010 年试发售时，产品销售超过了预期。2011 年初，由于他们的努力，Godrej 获得了印度部长颁发的一个奖项，产品的销售量也飞速攀升。

这种“不消费”现象在安东尼家的客厅也存在。1978—2003 年，我是电子游戏的忠实客户。我拥有几乎所有种类的电子游戏机。我记得第一部是 Atari 2600 及其经典游戏 Star Raiders(我父母告诉我,我们还曾拥有过 TRS－80,但是我不记得玩过)。然后是 ColecoVision、任天堂、世嘉创世、超级任天堂、TurboGraphx 16、Sega Dreamcast、PlayStation 以及 PlayStation 2。直到 2003 年,我不再热衷于电脑游戏,所有的游戏机也被我束之高阁。那么你能想到 2003 年我的生活中发生了什么事情呢?

如果你们听过我以前做过的演讲,可能有一半人会认为 2003 年我有孩子了。实际上,我们的第一个孩子是 2005 年出生的。2003 年,我结婚了。婚姻,当然还有如何让创见公司的业务步入正轨等繁杂的工作让我无暇再顾及操作复杂的游戏机了。索尼(Sony)和微软(Microsoft)为赢得最挑剔的电子游戏客户,即那些追求最真实场景与最精致图案、手指敏捷的青少年们,而被拖入了一场殊死争夺战。追求这样的目标导致电子游戏变得极为复杂,使用极为困难,差不多要花 3 周的时间才能搞清楚怎么玩。而我就恰恰没有那么多时间。

所以我和其他很多非玩游高手们一起,渴望着任天堂 Wii 机的诞生。Wii 的魔力不是控制界面中精美的图案,而是控制器里的一个叫作加速测量仪的芯片,可以从多维角度追踪动作。你拿起控制器,就和系统开始了以前无法想象的互动,而且一切都很简单、很直观,我儿子查理 3 岁的时候就已经是 Wii 上的成名棒球手了。他可能学不会按键或是掌握多个操纵杆,但他肯定知道如何挥舞一个棒状的仪器。

任天堂的战略有明确的目的。它通过吸引那些被其他复杂的游戏机吓退的客户来实现市场的增长。这个战略相当成功。在之后的5年里,Wii大卖,远超竞争对手,为任天堂创造了数十亿的利润。公司霸占休闲游戏市场达5年之久,一直到2010年下半年,微软和索尼才推出了有竞争力的产品。

这种战略的高明之处在于,使目标客户因为产品使用简单或直观而感到满意,因为毕竟有总比没有好!

我也曾目睹这种理念应用于企业内部的情况。许多人都不情愿打电话给人力资源部询问他们的福利有哪些,或者跟IT部门的同事花上几个小时,搞清楚怎样在电脑上安装一个新的软件。考虑一下如何给他们一种工具,让他们可以自行解决这些问题。

找到尚未存在的市场需要经过一些思维训练,但是这种训练能换来隐藏于平淡无奇中的令人亢奋的增长机遇,这是值得的。

锦囊教你如何做:

✓ 找出2件你每天都使用的东西,且它们都是与不消费竞争的产物。

✓ 写下5件你的同事或朋友必须依靠专家或去中央位置才能做成的事情。思考一下有没有能帮助他们自行解决问题的点子。

第5天

发现弥补行为

中心问题	一句话简答
我如何找到隐匿的机遇？	考虑瞄准补救行为，即一个人用来弥补目前不完善的解决方案的方式。

2009年，我们在为VF公司的牛仔服装部做咨询，他们的品牌很受欢迎，比如Wrangler和Lee。公司告诉我们，其目标是成为“服装领域的宝洁”。这是什么意思呢？大多数的服装公司都是推崇时尚或是紧跟潮流，它们雇用顶尖的设计师，总想着要比客户抢先一步。而VF公司希望通过市场驱动，做到比任何竞争对手都更了解客户，并利用这种洞察力产生出创新解决方案。

了解了这些情况，我们就开始引导公司与当前的及预期的客户花更多的时间在一起，找出他们的困惑。有一次公司领导去一家百货商店考察的经历就特别有启发性。公司老总看到一位女性顾客在挑选一条牛仔裤。她在商店一排又一排的衣架上慢慢挑选，一条又一条地拿着牛仔裤。然后抱着重重的一堆裤子进了更衣室。公司管理者就开始思考这一发现，有两个特别之处引起了他们的注意：第一，这位女性顾客抱进更衣室的牛仔裤的数量令人吃惊。第二，每一条她都拿了几个尺码。

图片作者：亚历山大·罗思曼（Alexander Rothman）

现在是这次考察最重要的部分了，即找到这位女顾客行为背后的原因。老总们猜想她近期肯定经历过体重的变化，所以她吃不准自己的尺码。后来他们得知，这位女顾客本人的购物经验告诉她，标牌上的尺码跟实际是否合身没有太大关系。她只能从几十条牛仔裤里逐一试穿，找到最合身的一条。更糟的是，牛仔裤洗了几次后就又不合身了，让这位女士很是头疼。

从某些角度看，这不能算是高明的洞察（特别是对于女性来说）。研究表明，女性觉得买牛仔裤在“最吓人购物经历”中排名第二，就排在买游泳衣的后面。这次考察商场的经历，让这家服装公司了解了客户是如何应对现有产品的局限性的。而这些客户还都是愿意到商场来挑选商品的，再回头想一想那些因为觉得这种购物体验太令人沮丧而根本不愿意踏足商场的客户群！这样的思考让这家公司开始将创新努力聚焦在牛仔裤的购买流程上。VF公司改变了牛仔裤的标牌，开发了创新的零售店展示体系，并启动了在线宣传活动，请著名的时尚界偶像斯黛西·伦敦（Stacey London）教女性如何找到一条最适合自己体型的牛仔裤。2011 年初，VF 公司披露，通过这些手段和相应的努力，公司的牛仔服装部创造了 1 亿美元的收入增长。

当创新大师 A. G. 拉夫雷还是宝洁公司汰渍洗衣粉的一位年轻品牌经理时，他就曾发现过一个类似的客户案例。宝洁公司会定期做定量调查来评估其产品及包装的质量。客户们经常反馈他们喜欢汰渍的包装（那时候，汰渍是盒装的）。然而，拉夫雷与一位客户沟通时，发现她几乎总是要用一个螺丝刀或剪刀才能打开汰渍的盒子。拉夫雷意识到她是不想弄坏自己的手指甲。她也说喜欢这种包装，因为她也不知道还有什么其他选择，但事实上，她不得不自创一种方法去打开这个设计有缺陷的盒子。

仔细的观察能帮助你重视这些弥补行为，或者说人们为了应对现有解决方案的缺陷而采取的方式。挖掘这些补救方式就能找到创新机遇。这也从另一个方面提醒你，在你寻找机遇的时候，从客户的角度去看这个世界有多么重要。

有时候，一个以客户为先的视角会让隐匿于凡尘的机遇突现；还有些时候，它会让你看到笼罩着迷雾的竞争威胁。我想说说我在印度时与同事的一席谈话。在印度你可以确定的一件事就是，无法预测一次汽车旅程会花多长时间。今天开车只需 5 分钟的路程，明天就可能是 50 分钟。天气当然是一部分原因，还有动物的迁移、当地的政治因素，以及随机出现的其他状况。

2009 年下半年的一天，原本“15 分钟的车程”已进行了 2

个小时，这时同事对我说："我有一个会令人受刺激的想法。我觉得塔塔集团(Tata Nano)轿车的销售业绩会令人失望。"

我很吃惊。我们跟进Nano车型的转型有一段时间了。这个故事还在我同事马克·约翰逊(Mark Johnson)当时即将出版的书《捕捉空白点》中有特别介绍。毫无疑问，这是一个非常了不起的故事。印度的传奇人物拉坦·塔塔(Ratan Tata，塔塔集团公司的掌门人，该集团的业务触及印度经济的每个领域，总营业收入超过700亿美元)看到一家四口人挤在一辆小小的摩托车上，在印度拥挤的街道上艰难地穿行。他召集了他的团队，要求其开发出一款"人民的小汽车"，售价将前所未有地降低到10万印度卢比，当时约合2 500美元。他希望人们会将不安全的小轮摩托车换购成更安全的Nano小汽车。

团队完成了拉坦·塔塔的任务。Nano车的开发完全遵循了创新方法，比如将近90%的部件生产制造外包，并考虑了开箱即用的半成品选项，可供农村的业主买回并自行组装成汽车。塔塔还必须做出一些权衡；最基础版的Nano车型就没有空调或者电动车窗。

那么我的同事为什么有疑虑？

他说："从客户的角度想一想啊，这些人可能已经负担得起一辆价值2 500美元的性能完好的二手车了，但为什么他们还是选择开小轮摩托车呢？"

为什么客户会选择一辆小轮摩托车？不是因为他们不关心家人，而是他们没有泊车的空间，或是他们认为小轮摩托车是适应印度狭小混乱街道的更为便捷的交通工具。

的确，早期 Nano 车的销量很令人失望(原因还包括早期的生产问题以及糟糕的宣传)。而且，最初的客户也并不是那些需要更换小轮摩托车的群体，而是更为富裕的中产阶级，他们把买一辆 Nano 车当作时尚，用来跟朋友与家人炫耀。如果 Nano 车型继续往这个方向发展，倒也能在商业上获得成功，但是却不能达到拉坦·塔塔的愿望了。

记住，我们第 1 周的目标是发现一个具有很大潜力的机遇。那么就从你的目标客户的角度去看一看这个世界吧。观察他们是如何完成工作的。如果他们的方案是五花八门的，你可能就会发现一个很好的机遇。如果他们对于目前的解决方案非常满意了，那么从其他地方开始寻找吧。

锦囊教你如何做：

✓ 开 1 个圆桌会议，讨论一下因为公司的解决方案而使客户被迫去遵循的弥补行为有哪些。

✓ 从上午 7 点到中午 12 点，跟踪识别 1 个弥补行为，与朋友或同事讨论一下。

第6天

尽可能地接近真实场景

中心问题	一句话简答
我如何调研潜在的机遇?	从深入观察或人文研究开始,绝对避免小组讨论的方式。

发现人们需要完成的任务与弥补行为是一项令人望而却步的工作。许多人臆测这种工作需要做大样本量化调查以及繁杂的统计学分析。这当然需要,但是同样重要的是要像人类学家观察土著人那样,仔细地找出他们尚未表达的需求与渴望,或者解析出他们讷于言却溢于行的信息。

也许这种通过仔细观察得出洞见的最好案例就是索尼的传奇人物盛田昭夫(Akio Morita),他发明了随身听,就是便携式的 CD 播放机,以及其他一系列开启新市场的创新产品。盛田昭夫不喜欢做量化市场调研是出了名的。他的调研方式就是和一小队同事一起出去观察人们在做些什么,或者不做什么。

我有一位好朋友叫卡尔·荣恩,21 世纪的头 10 年里,他是宝洁公司的创新引领者之一(2010 年他离开了宝洁公司)。荣恩是那种稀有人才,他既可以专业地解释宝洁的产品在分子层面是如何工作的(他有化工专业的学位),又可以活灵活

卡尔·荣恩

现地描述一位母亲第一次用速易洁产品Swiffer时候的眼神。荣恩参与了很多宝洁大品牌的推出，速易洁是其中之一。[①]荣恩最讨厌的一种创新方式，就是过度地依赖于一个小组和预期客户讨论所收集的信息——无处不在的小组讨论。他对于这种方式的口头斥责太过激烈，因此我请他写下观点。他写道：

如果我能改变客户调研的某些方式的话，我一定要禁止小组讨论的方式，特别是那些不能由你主导的讨论。小组讨论是上个时代的遗留物，是只适合懒人们的方式。不是懒的客户，而是懒的调研者。正确的方式应该是到客户正在工作的地方去，观察他们如何工作，然后跟他们一起工作。人们是不会有意识地记忆他们的日常工作的。因此，当你把他们带进一个小组讨论室里，并花 2 个小时询问一些他们根本没记住的事情，你会有多少新发现呢？同样花 2 个小时，可以去拜访 4 位在家或在酒吧或在商店的人，在这样的环

① 还记得“成功有许多兄弟姐妹，而失败是个孤儿”这句古老的谚语吗？我碰到过的宝洁员工中，有上百人还有数十家设计公司和研究机构都声称参与了速易洁项目。我在此声明，我跟速易洁完全没有关系，只是 1999 年初就开始使用这个系列的产品了，因为我妻子(那时还是女朋友)发现只有这个办法可以让我跟她一起打扫我们在剑桥的公寓。

境中他们马上就能展示给你他们到底在做什么。我在日本就是这么做的(荣恩正是在那里为宝洁公司的洗洁精寻找新机遇——作者注),我可以亲身体验洗碗的水有多冷,以及目标客户对碗碟上残留油脂的感觉。当我要求来洗完所有的碗碟时,她教我如何做。因为我是外国人,而且是个男人,她肯定我是需要帮助的,所以非常努力地试图提高我的技能。在小组讨论里,这些细枝末节是不可能被清楚地传递出来的。

当然,每一条法则都会有例外。如果你想要得到的是简单的共识,小组讨论非常适合。所以你会常常在政论类的电视节目里看到这样的小组讨论。从众心理驱使下的随声附和是这类访谈所要达到的目的,而不是深入的思考。离开真实场景却要强迫自己在其他9位组员面前辩明自己的观点,尤其在没有事先准备的情况下,其结果只能是肤浅地表白一些大家都普遍接受的观念。有时候,这就是你要的结果。

我没法在宝洁禁止这种方式。但我坚持认为它应该被禁止。无论何时,或许小组讨论的方法还在运用,但总有一个更好的方法可以取代它,使你从中获益。

你可以在其他著作中找到“如何去发现任务”的具体方

法——如著名的《创新者的成长指南》一书。作者在这个话题上颇费笔墨。或者你可以聆听史蒂夫·夏普(Steve Sharpe)的"五字真言",其精髓与荣恩的建议极为相似。2006年,我在创见公司与美国报业协会举办的一个合作项目讨论会上幸会夏普,那个项目主要是为了帮助报纸发行机构在日益艰难的环境中度过难关。那时候,夏普是美国传媒综合集团的研究部主任,该集团在美国东南部拥有各种媒体机构。[①] 我们与报纸发行机构发起了7个中试项目来检验一些创新想法,并最终向行业推送了这些做法,夏普是其中一个项目的负责人。我们请夏普与其他共同参加中试项目的人员来谈一谈他们从这个项目中学到的关键点。

夏普对于这个行业所给出的意见简明有用:"走出大楼去。"如果你老是坐在办公桌旁,你是很难发现创新机遇的;如果你不花费时间去跟客户待在一起,要理解他们没有表达出来的想法就更困难了。

锦囊教你如何做:

✓ 到附近的咖啡馆坐1小时,仔细观察人们是如何度过这一天的。写下3件你没有想到的事情。

✓ 问问你的配偶或朋友,他们是如何完成每天的任务的。说出2件你发现以前没有想到的事情。

---

① 2009年4月,我加入了美国广播与出版公司的董事会。

第 7 天

不要盲目创新

中心问题	一句话简答
我如何确定我发现的这个机遇是真的?	花时间去了解你希望瞄准的市场——经常问自己,为什么那些很聪明的人没有抓住这个对你来说如此显而易见的机遇。

第 1 周所有训练的目标是发现创新机遇。过去 6 天所训练的技巧应该能帮助你确定一个明确的机遇了。但是你如何确认你所发现的事情是值得再深入调研的呢?

有时候描述一下不要做哪些事也是有用的。我想用儿时看过的一集《兔巴哥》的剧情来比喻一个避免盲目创新的基本概念。

在这一集中,全名“怀尔·E. 郊狼”(Wile E. Coyote)的歪心狼有一个抓住宾尼兔(Bugs Bunny)的邪恶计划。他把炸药塞进胡萝卜内,只要宾尼兔咬一口,这根胡萝卜就会“轰”的一声发生爆炸,一切都结束了。

歪心狼先生对他的计划很是得意。他哼着歌说:“怀尔·E. 郊狼真是个超级天才,我真喜欢事情这样的发展方式。”然后他疯了似地咯咯大笑,丝毫没有注意到宾尼兔把他的“实验室”拖到了火车轨道上。最后火车撞上了小屋,火药被引爆了,自以为是的超级天才以他每集结尾的经典姿势收场——

他抓着一根树枝拼命往上爬，而底下就是万丈深渊。

如果创新者自以为凭借一己才智就能发现“平庸头脑”难以邂逅的机遇，那么他们就掉入了陷阱，盲目创新也就随之发生了。这个问题其实容易在大规模、运行良好的企业的管理者身上发生。他们会带着嘲弄的眼神看待其他行业，他们会说，“这些家伙都是业余的，我们会让他们看看应该怎么干。”

例如，几年前我与一个项目组共同策划一部某产品的电视购物片。这样的电视购物片是定制的，一般制作成 30 分钟的互动讨论节目，由一位活泼的晚间节目主持人，如荣·鲍贝尔(Ron Popeil)或者安东尼·苏利文(Anthony Sullivan)来主持。[①] 因为节目中有许多关于产品的介绍与说明，因此能帮助消费者更深刻地理解该产品所带来的各种好处。

当这个项目组成员开始探究电视直销(DRTV，“直接反应电视”的缩写)时，他们想尽办法对电视购物片作创新与改进。[②]

他们说：“这些商业片水平都太业余了，我们要创造更有价值的作品。我们的作品肯定要比现在电视里播出的那些更有说服力。”

幸运的是，正在与这个项目组合作的一位顾问在电视直销行业有丰富的经验。他批驳了项目组的想法。

---

① 我最喜欢的马尔科姆·格拉德威尔(Malcolm Gladwell)所写的文章之一就是描写荣·鲍贝尔的。参见：马尔科姆·格拉德威尔，《代言人》(*The Pitchman*)，载《纽约客》(*New Yorker*)，2000 年 10 月 30 日，第 64 页，www.gladwell.com/2000/2000_10_30_a_pitchman.htm。

② 直接反应指这些商业片的目的是让人们直接打电话订购商品。

“你们觉得是因为做这些商业片的人不够聪明，所以节目的制作质量低下？”他说道，“事实正相反。做这些商业片的人十分精于此道。这些广告之所以被做成这样，是因为制作者们测试了为人所知的所有方式，而恰恰是这一种你们认为太业余的方式创造的产品销量是最大的。这种貌似粗糙的手法却营造了更为真实的环境，让产品宣传更为可信，从而推动了销量的增长”。

这个例子给我们一个重要的启发，不懂电视直销的门外汉看到的是俗套的商业片，而做电视直销的专家看到的是能创造产品营业额的完美平台。

所以一开始就怀着谦逊的态度是很重要的。与其说：“为什么这些傻瓜们要这样做？”不如问一问：“为什么聪明人想出的是这样的解决方案？”或者问一问：“这里有哪些正是我所忽视的？这对于一个非专业人士来说有点不可思议。”

创新者必须要避免陷入无穷无尽的分析中，但也要学会用几个简单的方法来判断一个貌似显而易见的创新机遇是否是真的机遇。

一个简单的方法就是拿起电话，问一问比你更懂行的人。事实上，几乎所有的专家都很愿意谈论他们的专业领域。通过大学的、职业的以及个人的社交网络，我们的联系要比以前更为紧密。因此，如果专家花 5 分钟就可以判断你的计划是否靠谱，你却不去咨询一下，反而把一个商业计划置于自己的臆测之下，这是不合情理的。

例如，我们曾帮助一家公司开发新的面向高校的业务。

这家公司的团队猜测大约要花3个月的时间与1所大学达成1笔交易。我觉得估计的时间有点短,“你们以前做过面向学校的业务吗?”答案是“没有”。于是我建议他们去咨询1位比较熟悉这个行业的人。打了电话之后,这个团队意识到他们想要做的业务可能要花3年的时间才能通过大学复杂的采购流程。电话真是一个被低估了的研究工具。

另一个简单的方法就是上网。依靠公用的强大的互联网技术重塑了许多行业,它能给予创新者大量有用的工具与信息。比如,当企业决定要发行股票时,它们所填写的证券交易委员会S-1表格就能提供相当多的数据,给任何想要在相关领域进行创新的人做参考。阅读利基博客网站上的文章,也可以获取大量的行业动态信息。甚至从一些企业的网站中你也会观察到这些企业今后的业务走向,尤其重要的是,你还可以了解到哪些是企业不做的业务。

最后一条建议。当你开展研究时,要把你未知的或不确定的事物做成一个可添加的表格。这些会在本书第3周的训练计划里用得着。

创新就是用不同的方式去做事,但这并不表示创新者应该是傲慢的。听听基因研究的开拓者詹姆士·沃森(James Watson)的忠告,以及“永远不要做房间里最聪明的那个人”这样的建言,谦逊地搜寻专业信息,尽可能多地理解你想要探究的领域,最重要的是,搞清楚那些你不明白的事物。

请不要误解我,有时候,为一个问题带来新的视角是极有好处的。我们急切地需要那些不满足于现状的人,但是绝不要认为没有改变现状是因为大家愚蠢无知。

锦囊教你如何做:

✓ 选择 1 家你非常钦佩的大型企业,并通过一定渠道了解它的信息。写出 3 件你以前不知道的事情。

✓ 打电话给朋友,请他(或她)花 15 分钟时间给你解释一下他们的业务流程是怎样的。

第 1 周归纳小结

第 1 周的重点是发现创新的机遇。希望本周的训练能帮助你回答以下两个关键问题：

(1) 你的目标客户努力要完成的任务是什么？

(2) 什么证据表明这是一次真正的机遇？

更广义地说，请记住以下三个重要术语：

(1) “要做的工作”：客户在特定环境下面临的问题。

(2) “非客户”：因缺乏技能、财富或方法而无法解决某个“要做的工作”的人群。

(3) “弥补行为”：客户为完成其任务而采取的变通方式。

第 2 周

为创新点子绘制蓝图

要提出创新想法看似有点吓人。尽管迈克·泰森告诫说，我们的第一个想法会以某种有意义的方式出错，但毕竟这个想法尽可能地帮助我们确立了一个起点。这周的创新训练中，我们采用巴勃罗·毕加索和大卫·顾莱(Dave Goulait)等人就如何制作一份强有力的工作蓝图所归纳出的实用方法。所谓蓝图，是为了实现你的点子而建立的完整框架图。

确保本周开始的时候你已经有了一个具体的创新机遇。那么在本周结束时，你将学会如何：

(1) 多渠道、多方面地汲取灵感来培养一个成熟的点子；

(2) 确定你的点子“足够好了”；

(3) 为你的点子绘制一份完整的蓝图。

第8天

找到交叉点

中心问题	一句话简答
如何获得创意的灵感？	找到交叉点，就可以自由地从其他情境中借鉴灵感。

许多人都觉得创新中最困难的部分是产生一个新的点子。毕竟，这些点子常常被比喻成发亮的灯泡，代表了一种炫目、强大而未被预见的洞察力。

如果你还记得巴勃罗·毕加索的建议，那么产生一个点子其实就很容易了。

这位西班牙画家指出："优秀的艺术家抄袭，而伟大的艺术家偷窃。"

这里我再引用大卫·考德·穆雷（David Kord Murray）富有裨益的书《借用才智》（*Borrowing Brilliance*），这本书的主题是创新最靠谱的方法，即从另一个领域借鉴一个点子。以上这两种思路是完全吻合的。

穆雷提出了一个简单而有效的方法。首先你要深入地理解你想要解决的问题。希望你在第1周的训练中已经做到了这一点。然后，看一看另外还有谁解决过类似的问题——不论是哪个领域的问题。然后找到一种途径，使它能适合你所要解决的问题。这个技巧使创新过程中最让人望而生畏的环节变得简单易行。

我们来看一看瑞克·克里格(Rick Krieger)的例子。在20世纪90年代后期,这位明尼阿波利斯市(美国城市)的企业家与他的搭档们发现了医疗保健领域的一个商机。一次在急诊室的糟糕经历让瑞克·克里格认识到卫生医疗行业缺乏快捷和经济实惠的简单服务。他认真考虑了会发生这种情况的原因。问题就在于这个行业被设计成有解决所有问题的能力,要求技术精湛的医师们把可能走进诊所的人都作为复杂病例进行处理。

克里格又问自己,哪些公司已经找到了方法去简化一向复杂的交付机制:提供始终如一的质量(即使员工没接受足够的培训也能做到)、降低价格、提高便捷度、服务全球数十亿的客户……你们中也许有一些人已经在脑子里产生了非常清晰的一个图像,那就是快餐行业的国际品牌——麦当劳的金色拱门。

接下来的问题就是:"那么麦当劳式的医疗保健服务会是怎样的?"

麦当劳有一份简单、标准化的菜单,克里格的解决方案也必须只提供一套有限量的服务。麦当劳有一套分步骤操作指南,就算是没受过培训的青少年也可以做出麦当劳食品;克里格也必须找到方法,使技术不算精湛的专业人员也能上岗。

2000年,克里格和他的搭档们推出了快捷医疗(QuickMedx)业务。这是一个只有75平方英尺的小亭子,只

马萨诸塞州一家 CVS 药店内的“1 分钟诊所”
摄像师：史蒂文·卡什莫尔（Steven Cashmore）

配备了一名实习护士。这位实习生能够提供一系列简单明了的服务——脓毒性咽喉炎初步诊断，或是打一针流感疫苗，采用的是简单且基于明确规定的测试方法。快捷医疗许诺来就诊的人从进门到出门只需要 15 分钟。他们的品牌口号是“来得快，走得快”。2006 年，药品零售大腕 CVS Caremark 公司花费近 2 亿美元收购了这项业务，现在更名为“1 分钟诊所”(MinuteClinic)。

现在我们来做一个小练习，对这个概念进行一次实际运用。想象一下，你发现了一个明确的市场需求，并跟一位投资人约好了一个月内跟他见面，这个会议非常重要。你没有钱，只有很高的航班里程数。假设你的日程表里没有忌讳的出行日期。你想要拜访哪家公司来获取你的灵感呢？马上行动起来调研这家公司吧。

通常来说，研究创新的学者们都普遍认为，突破性的创新发生于不同的领域、观点或思想碰撞交汇时。杰夫瑞·戴尔、哈尔·格雷格森和创新大师克莱顿·克里斯坦森在他们出版于 2011 年的著作《创新者的基因》(*The Innovator's DNA*)中就指出，创新者们都很善于让这种交汇发生，他们会特意寻找尽可能多的外部刺激。

这听起来是件挺艰巨的任务，但并不一定哦。下面介绍四种简单的技巧来帮助你找到新的视角：

(1) 每到一个新地方都尽量多去四处体验。如果你正好因工作需要而经常出差，不妨改变一出差就待在宾馆或是会议室的习惯，走出去寻找当地的美食，或者去公司的员工餐厅就餐。当地的杂货店也是一个很好的窗口，能让你了解到当地人生活的真实情况。

(2) 在网上搜索一些有趣的人。也许你从来没有幸运地参加过一些很著名的集会，比如 TED 演讲会，TED 的名称代表着这家非营利机构主要关注科技、娱乐与设计领域。我就从来没机会参加。但是你还是可以通过网络视频与一些 TED 演讲者们"相遇"。当你发现某个人的视角独特又有趣时，尽可能多地了解这个人。在网上你能找到数量惊人的资源。

(3) 平时的阅读要多元化一些。我的阅读范围涵盖商务专业书籍、自传、小说和垒球专著，我也会在网上或传统的出版物中进行大量的浏览，有时候甚至还会从一个完全不相关的领域中选择阅读。如果你的头脑中安装了创新思维程序，那么你就能从看似跟你的日常工作毫无关系的材料中洞察到令人惊奇的好想法或好信息。

(4) 永远不要拒绝与有趣人士会面。即使这种会面看似是浪费时间，干扰了你的正常工作，但还是要接受邀请。你得到的很有可能是一件能带来红利的珍品。

这些事情看起来好像与你日常要做的工作没有多大关系，但它们的作用是训练你的思维，因为它们会帮助你找到事物间的关联，缺少了这样的训练你是做不到的。这关乎到你的长远利益。

创新是人类自发的社会活动。优秀的创新者会意识到这一点并努力寻找各种可能的关联。如果你正在搜肠刮肚地寻找好点子，记住毕加索的建议，找到交叉点。

锦囊教你如何做：

✓ 制订1个3天的行程，规划去哪些地方寻找隐藏的灵感之源。

✓ 观看1个本书第2章中提及的创新大师的网上视频。写下你从视频中获得的1个想法。

✓ 给1位你所认识的最善于打破常规的人发邮件，请他（或她）把你引荐给同类型的人（除非那个人就是你自己！）。

第9天

四处找点子

中心问题	一句话简答
我去哪里找灵感?	在寻找新点子前,要先快速地搜索所有可能的途径。

尽管我曾办过校报,也曾接受过很多记者的采访,但我始终不觉得自己特别擅长言简意赅地说话。不过,偶尔还是会有那么几次……

几年前,我正和一位记者谈论网飞公司组织的比赛。这个公司出价100万美元,奖励给能做出特别好的解决方案向客户推荐DVD的团队。①

那位记者问我:"您认为企业要获得创新点子,就应该组织这一类的比赛进行选拔,还是从企业内部寻找更好?"

我的回答:"我相信婚姻应该从一而终,但寻找好主意时,还是混杂一点更好。"②

---

① 250多个团队参加了这个比赛。了不起的是,最终获胜的团队的成员都分散在世界各地,他们之间从未谋面,一直到领到奖金支票的那一天。

② 至少我认为是我说了这句话。谷歌上没有搜索到这句话。然而我肯定我在一篇2009年的博文里写过关于"混杂"的观点,并在很多演讲中用过这句话。参见:斯考特·D. 安东尼,《我最好的创新建议? 混杂》(*My Best Innovation Advice? Be Promiscuous*),载《哈佛商业评论》网站(www.hbr.org),2009年9月23日,http://blogs.hbr.org/anthony/2009/09/my_best_innovation_advice_be_p.html。

我又进而解释了自己的观点。我认为对于一个新点子的产生来说，没有什么最佳源泉。相反，你在试图解决一个难题时，应该尽可能多地从各方面想方法。除了那场竞赛，我最起码还能说出九条途径帮助网飞公司寻找创新点子来解决它的难题，即提高各个步骤的成功率：

(1) 组成一个内部专家小团队(或者几个有竞争的团队)，让他们在规定的时间内想出办法；

(2) 找一家专家服务提供商，比如?Whatif! 或者 Sagentia，让它提供一些现成的好点子，或者查阅专利文件，较早地发现一些新的技术。

(3) 把挑战留给 Innocentive 这样的中介组织，他们会在全世界寻找公司难题的终结者。

(4) 精心挑选一组外部专家，组织一场半天的头脑风暴。

(5) 找几家在相关领域投资的风投公司并作交流。

(6) 考虑与同一领域并处于发展早期的一家公司建立战略伙伴关系。

(7) 组一个团队进行本书第 8 天中的训练，在不同的行业搜寻相似点。

(8) 征求网飞公司的忠诚客户的想法与建议(优先选用开放创新社区论坛上成员们精彩的研究报告与文章)。

(9) 通过对人的行为研究，找到当前客户在内容发现过程的各种隐性途径。

以上这些方法中有一些会较难实施。比如，以上(8)中提到的忠诚的客户可能因不懂技术而无法提供特别有用的解决方案,但总要试一下才能知道。对于想要搜寻不同方法的人来说,优秀的资源非常丰富,比如史蒂芬·林德加尔(Stefan Lindegaard)做得非常棒的 15inno 网站,网址是 www.15inno.com。

以上所列的路径乍一看有点太多了,但是寻找灵感并不需要做得太复杂。一开始可以先看看别人是怎么解决类似问题的。我们感恩的是,现在 Google 搜索引擎已经把这种搜寻变得易如反掌。然后想想谁有可能会给你一些好的提示或建议,去跟他们谈谈。朋友、家人与同事总能成为你好的起点。如果你在做调研的时候遇到不相识的人,不要畏惧跟他们联络。通常人们总是乐于谈论他们成功做到的事情。

如果你还是在对着一张白纸发呆,就问一些"如果……会……"的问题,比如:

> (1)"如果我做了另一位聪明人做的同样的事情,结果会怎样?记住昨天教过的话,'借别人的好主意没什么可羞愧的'。"
>
> (2)"如果我是自己所仰慕的那家公司的首席执行官,结果会怎样?他/她会如何解决这个难题呢?"
>
> (3)"如果我把两个看似无关的创意结合起来,结果会怎样?"

这样做的目的无非是建立一个清单,把你脑子里开始涌现的想法列出来。最初的想法不需要过多的修饰,一句简单的描述或是一幅草图就够了。完美的情况是,每个想法都代表战略家们所说的“纯音调”。也就是说,你清单上的这些想法都互不相同,各自有不同的意义。

另外一个小提示:随身携带一件可以抓住突现灵感的工具。以前可能需要随身携带一个笔记本,但这有点累赘。当然,现在你已经可以用智能手机快速记录一些笔记、拍些快照或者录下视频了。

请记住,这一点很重要,这个步骤的目标不是发现一个单独的想法,而是形成很多很多的创意。为什么?抬头望一望创新的拉什莫尔山上的大师迈克·泰森,想一想你的第一个想法会以某种有意思的方式出错。如果你产生了很多想法,就可能找到将它们结合起来的方法,其结果是你没有预想过的。

许多人认为创新是一种孤独的追求,但其实不应该如此。张开一张尽可能大的网去抓取灵感,并将它们转变成切实可行的创新点子。正如我妻子说的:“只有这一次我同意不要从一而终。”

锦囊教你如何做:

✓ 创建 1 个清单,列出所有可以解决困扰了你很长时间的 1 个问题的方法。

✓ 打电话给 1 位企业家或艺术家,请教他们是如何想到好创意的。尝试去实践那个人的做法。

第10天

记住：质量是相对的

中心问题	一句话简答
我的创意质量高吗？	质量是相对的，只有在充分了解什么对目标客户最重要后，才能决定其质量的高低。

本周头两天的训练提出了创新点子的灵感源泉问题。希望这些技巧帮助你开发出了创新想法雏型，然后可以去做一件独特又有影响力的事情。本周接下来的几天训练，会帮助你为一个开始成形的想法绘制一张更详细的蓝图。今天的训练是帮助你找到你的想法的与众不同之处。

希望成为创新者的人经常被"质量"一词绊倒。根本性问题是什么？人们总是认为他们对于质量的定义与他们要服务的客户对质量的定义是相同的。其实不然。如果你想开发出一个引人注目的创意，请再次仰望一下创新的拉什莫尔山上A. G. 拉夫雷的脸庞，并记住要通过你的客户的眼睛去看这个世界。

我和我的家人搬到新加坡之后，这种情况就发生过。可能你们中有些人还没有去过新加坡，这个国家简直是美食天堂，你可以找到你能想到的所有美食。而当地人会告诉你，最棒的美食要到所谓的大排档的摊位上去找。这些摊位一般是一些小凉亭，由一两个人经营，现场烹制新鲜又价廉的美食。

这些摊位与我们在纽约市区街道上经常见到的移动摊贩不一样。在新加坡，这些摊位都是受到严格管理的。每个摊位都在其显著的位置上挂着一张铭牌，标注这个摊位是否符合公共卫生标准。

以前我在新加坡出差的时候，我就去过无数家这样的摊位，是这种小摊美食的拥趸。因此，我们的航班一落地，我就迫不及待地带着我的妻子去品尝这种创新美食。[①] 这不是很棒吗？小摊美食，价廉物美！人见人爱啊！

我的妻子跟我一样热爱美食。我们最喜欢做的事情之一就是探寻新的餐厅和新的美食。她非常愿意进行各种各样的尝试。

然而，我们到了一家非常知名的户外小吃中心后，我发觉事情有点不对劲。乔安妮只在她的餐盘里蜻蜓点水般地拨弄了几下，勉强称赞了几句，便借口说因为时差的关系还不饿，放下了餐具。

过了不久，我突然想到了原因。我会因为食物的质量和新鲜感而忽略周围的环境，但我妻子的偏好却完全相反。一家餐厅的环境一定要好，这才能引起她的兴趣。如果低于她心中设定的门槛标准，就算是米其林三星餐厅也不能让她食

① 我们于2010年搬去新加坡以前，我妻子从未去过新加坡。她真的很勇敢，当然大部分原因是她相信我能找到一个适合居住的地方。

欲大增。

事后我问起这件事的时候，她说："你要知道，我真担心我会好几年都没心思吃东西了。那里的食物很不错，但我看到那些煮熟的整只鸡鸭供展示挑选，我实在有点受不了。"

问题就是这样，我错认为她衡量质量的角度跟我的是一致的，但其实并非如此。

我还可以举一个关于新加坡的例子。这本书封面勒口上有我的照片，看看我的发型，然后想一想："斯考特对理发的要求是什么？"

可能比我的发型更简单的只有军队里的板寸发型了。一般，我只对我的理发师说出数字："2、3、4"，代表了 3 种剃刀规格，分别用于剃我头后面、中间以及顶部的头发。

然而，在美国，我始终找不到一个既质量好又可靠的地方去理发。当地的理发店质量实在是参差不齐。而离家最近的美发沙龙虽然可靠，但是要花 50 美元只为了这个发型，实在有点……不对劲。最终，我们的解决方案是我先去理发店剪一个还算过得去的发型，然后乔安妮在家里再帮我加工一下。这也实在太麻烦了。

之后，我们来到了新加坡。我的同事给我介绍了 QB 屋。这家公司的广告词就是："10 分钟搞定，纯剪发！"每个 QB 屋配备 4 个左右的理发椅。理发屋外面有 1 盏灯连接到装在椅子上的传感器，告知外面等候的客人大概需要等多久。你将 1 张 10 元的钞票塞进售卖机后会取得 1 张卡片。轮到你的时候，你就将这张卡片交给理发师，然后他就开始工作了。这个地方只做剪发——没有洗发、修眉、染发等服务。每张椅子前都安放了电视机播放广告，这样你就不用费心思与理发师交谈了。卫生当然是很重要的，在这里你可以看到用酒精给剪刀消毒。理完发，吸尘器就把碎发全清理掉了。

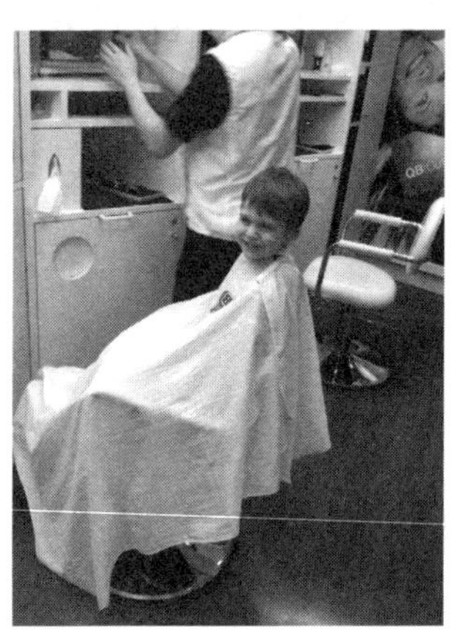
查理·安东尼在享受 QB 屋的理发服务

如果我的发型是拉塞尔·布兰德头上的马鬃式发型，QB 屋当然不算是很好的解决方案。但是对我来说，QB 屋跟天堂差不多了，因为它可预期、干净、价格合理，而且简单方便。

刚才举的两个例子都强调了质量是相对而言的。你得视个人情况而定，了解什么对他们来说更重要，然后才能决定某个创意的质量高不高。当然，你要做得比客户已有的或在经济性方面要更胜一筹，如果你在其他方面做得足够好，常常就能开启新的创新机遇。

有一些有用的工具可以帮助客户直观地看到你所寻求的性能处于什么范围。其中我找到的最有用的方法就是金伟灿和芮妮·莫伯尼的《蓝海策略》一书中所提到的战略布局图。本质上讲，战略布局图就是将性能尺度标在一根轴上，然后针对每个性能要求显示出各种合适的解决方案。

我们在日常咨询工作中经常用到这种战略布局图的一个变异形式，因为它提出两个重要的创新问题。首先，当现有的解决方案不能满足大家的期盼时，它会帮助你理解从何处可以找到机会去做一件与众不同的事情。其次，战略图能帮助你理解你的创意是否对目标受众有影响力。如果你提供的只是无关紧要的“铃铛”和“哨子”，却达不到关键性标准的话，那你注定会失望的。

顺便提一下，乔安妮现在已经越来越习惯大排档上的食物了。

锦囊教你如何做：

✓ 请失败的销售企划或是沮丧的客户详细列出他们决策的依据。

✓ 吃饭的时候问问你的同伴，食物质量、周边环境和服务如何影响他们对这家饭店的看法。

✓ 上网搜索“战略布局图”——然后针对你正在进行的创新点子，绘制1张战略布局图。

第 11 天

避免过度

中心问题	一句话简答
有没有过于好的东西?	如果你所提供的产品的特性是你的客户想要的,但其价值不值得他们花费更多,那你就可能为你的目标市场做得过头了。

我们安东尼家族中有几个挺受欢迎的口头禅。我的祖父以前常对挡在他和电视机中间的人说:“你作门比作窗更好。”当有人问他是否喜欢某一餐的饭菜时,我们都知道他会说:“阳光明媚的大地提供的良好食材在进行大合唱。”①而当回答一个活动进行得如何时,我们常听到的回答是:“大家都度过了美好的时光!”而我的母亲常说的话是什么呢?“你永远不可能觉得自己太富有或太苗条。”

最后一句可能是真的,不过说到创新,你真的有可能会做得过于好。

一些关于创新的观点出人意料地表明,任何产品或服务的生命周期到了某一阶段,客户就不再认为它的改进是有价值的。现有的客户几乎总是挑选更好的一款产品(除非它变

① 我父亲还创造了“达尔文操练”这个词,不过没能保持多久。他会端着一盘剩菜走到后门廊那里,高喊“达尔文操练!”,然后把食物扔在后院。强者吃到食物,弱者就只能挨饿。但是我母亲很快结束了这种“操练”。

得太过复杂)，但达到了一定的程度后，他们就不想再为此花钱了。创新大师克里斯坦森把这一现象定义为“过度”。

我在跟一个团队共事时，一般会用以下例子来介绍“过度”这个概念：“你们家里的电话服务是一个科技上的奇迹。声音如此清晰，电话公司说你甚至可以清楚地听到别针掉在地上的声音。可靠性达到‘5 个 9’，就是说你的电话有百分之 99.999 的时间是正常工作的，1 年只有 5 分钟有可能失效。甚至你的电话线里保留有电流，就算是你所住的街区停电了，你的电话仍然能使用。”

接着，我会向这个团队抛出一个当地电话公司的新服务：“我们又给你带来新服务啦！我们的工程师引入了新一代声音品质。它如此清晰，你甚至能听见别针划过空气发出的声音。可靠性也达到了前所未有的‘6 个 9’级别。是的，就是说 1 年中只有 31 秒的停机时间。电流也已经过时啦。我们会安装定制发电机来确保您的电话永远供电。”

如果我尺度把握得比较好，在这个时候我的听众们应该入戏了。这时候，该抛出话题了，我会反问他们：“那么我的问题是，你们中有多少人会愿意多付点钱买这样的服务？”

我从没有碰到过谁会很认真地说他会买。你当然愿意要这样的服务，但你肯定不愿意为此多付出钱——特别是现在有那么多低价又便捷的选择，比如移动电话、Skype 等。

显然，这只是一个极端的情况。但通常这种现象是客观存在的。的确有这样过于好的事物。在某些情况下，这种改良所需要的成本与客户能从这种改良中获得的好处并不匹配。

我们在本书第 4 章中讨论创新的致命伤之傲慢的过错时就提过，剃须刀领导品牌吉列似乎就处在过度的边缘了。2008 年《华尔街日报》(*Wall Street Journal*)上刊登的由艾伦·拜伦(Ellen Byron)撰写的《吉列占领高端剃须刀的制高点》(*Gillette Sharpens Its Pitch for Expensive Razor*)，其实已经显示了早期的预警信号，虽然 5 个刀片的吉列锋隐剃须刀的推出是成功的。

最值得一提的是，人们对于升级到新产品会迟疑。一位分析师告诉《华尔街日报》："你把剃须刀从(吉列的)锋速 1 (Atra)升级到 2(Sensor)，或者从锋速 2(Sensor)升级到 3 (Mach3)，基本上所有人都换了他们的剃须刀。但是锋隐剃须刀达到的价格高度实际上让消费者的购物车内容发生了改变——你的剃须刀到底能贴皮肤多近？而实际上需要把它贴得更近吗？"

同时，低价位、无品牌的同类商品单位产品销售额开始飞速增长。这篇《华尔街日报》的文章就引用了消息来源公司(IRI)的数据(不包括沃尔玛)，表明吉列公司的单位产品销售额在 2007 和 2008 年都有下跌，而自有品牌的单位产品销售额增长了 11 个百分点。

这些业务发展都发出了过度的信号。如果按照以往的模式发展下去，吉列产品就会出现增长迟缓的情况，然后出现改变游戏规则的解决方案，进而对剃须刀市场进行洗牌。

吉列人(还有其母公司宝洁)是非常聪明的。2010 年，吉列公司开发了锋隐5超顺动力系统。这款产品不再是简单地增加1片刀片，而是定位在如何更简单地使用。这一步走得很聪明，引领了行业的发展趋势。同样在2010年，吉列公司还一反常态，推出了“吉列卫士”——在印度售价只有15卢比（当时约合33美分）的剃须刀。公司还尝试使其品牌涉足个人护理产品领域，比如洗发水和沐浴露等。

吉列的做法似乎是学习了英特尔平板电脑（playbook）的做法。20世纪90年代，这家芯片制造商的竞争力完全只在于处理器的运行速度。而在过去的10年中，它开始转移聚焦点，致力于提高电池寿命或无线通讯性能，业务也开始涉及新的领域，比如教育、健康、电视产业等。

这些案例都表明，就跟其他很多创新概念一样，过度既是一种威胁，又是一种机遇。企业如果在一个市场上做得过度，它的核心业务就会很快崩塌。例如，1996年，柯达推出了先进图像系统（APS）胶卷，许诺消费者可以用它拍摄不同尺寸的照片并且能够以极高的质量印制。然而，事实上人们非常倾向于使用质量虽低一些但方便分享的数字图像。2004年，柯达被迫停止了APS业务。

过度又是一种机遇，因为它创造了创新方法在市场中竞争的有利条件。创新者们无需局限于在现有的解决方案中跳来跳去，可以摆脱桎梏，放眼寻找更简单、更方便的解决方案。他们应该提出这样的挑战性问题，例如，如果我们把现有产品或服务中90%的特性与功能去掉，结果会怎样？能不能将价格降低到某个未服务到的市场能够接受的程度？能不能把难度降低到非专业人士也能自己操作的水平?

对于那些好奇的读者,我要说我完全不知道是否真的有电话公司在努力追求"第6个9"的级别。不过我的市场调研的结果显示,愿意为那样的高端服务付费的消费者人数是零。

锦囊教你如何做:

✓ 做1个脑力实验,想象你或者市场领导者把产品特性降低20%,同时价格削减80%,结果会怎样?

✓ 从厨房的橱柜中挑选1种产品,找出3种对于设计者或是工程师来说是令人兴奋的,但对于你来说是毫无用处的产品改良方案。

第 12 天

做得与众不同

中心问题	一句话简答
什么是颠覆性创新?	颠覆性创新创造出新的市场,或是以简化、便捷、低价、易获取的途径对现有市场进行转型。

几乎所有经历了重大变革的机构中都有一位戴维·顾莱式人物。我第一次遇到顾莱是在 2004 年,当时他是我们公司对宝洁业务的执行协调人。他的工作就是帮助宝洁提高创新效率。在之后的几年中,我们通力合作,同顾莱一起帮助宝洁建立了能力提升体系,以创造新的增长业务。2007 年顾莱退休,将工作接力棒交给了他一手提拔的后起之秀。顾莱承认自己不擅长安排退休生活,所以正式退休后不久,他又开始为宝洁和创见公司做一些兼职的签约工作。

为什么顾莱能成为一位非常有影响力的企业转型专家?因为他将 100%的精力都投入在帮助宝洁转型这件事上,而完全没有在意建立所谓的"顾莱品牌"。所以,在今天的训练中,我们有必要介绍一下顾莱,因为他最为人欣赏的一个准则为找到颠覆性创新的关键点提供了路径。这个准则为希望成为创新者的人们去发掘更具潜力的机遇提供了利器。

"顾莱准则"是什么呢?"要做非同寻常的事业,你就得做非同寻常的事情。”

这一准则堪称爱因斯坦式的简洁(也许是不经意的,它与爱因斯坦对疯狂的定义具有异曲同工之处——重复相同的行为,却期盼不同的结果)。

“戴维·顾莱创新准则”指向的正是颠覆性创新。如果你的任务就是要撼动固有的事物,或是从无到有地创造,那么你当然不能再重复别人在做的事情。你必须另辟蹊径,走别人没走过的路,或是大刀阔斧地改变现状。克里斯坦森在他1997年的畅销书《创新者的窘境》中将“颠覆性创新”一词加以通俗化。[①] 颠覆性创新的核心就是能创造一片新市场,或以简化、便捷、低价、易获取的途径对现有市场进行转型。

关于颠覆性创新有两个非常经典的例子,一个是个人电脑,另一个是折扣零售店。个人电脑使市场实现了大众化。早在20世纪70年代,只有受过培训的专家才能使用计算机。当时的技术(微型计算机或主机)也只有大企业才用得起。其结果就是,大多数人没有机会使用电脑技术。当苹果及其他创新者将产品做得简单低价之后,它们创造了一个全新的产业。最终,这个产业越做越大,将20世纪70年代和80年代的计算机巨头们都挤到一边儿去了。

折扣零售店出现于二战后的美国。在此之前,占主导地

---

① 《创新者的窘境》一书用过“颠覆性技术”这个词,但是克里斯坦森从更广义的角度上定义了它,并在之后的著作中重塑了“颠覆性创新”这一概念。克里斯坦森私下里承认有点后悔使用了“颠覆性”这个词,因为人们经常把他所想表达的意思和普通词典里的定义搞混了。

位的是百货商店，它们的特点是售卖高质量的商品，聘用经过良好训练的营业员引导购物消费。而折扣零售店提供的是比较简单的产品，供顾客自由选择。通过减少管理费用，沃尔玛等折扣零售商们可以为顾客提供更为廉价的商品。

颠覆可以发生在很多产业领域——高科技、低科技、B2B、B2C、服务行业、产品制造业等。[①] 虽然会有些细微的差别，但万变总不离其宗。

总有一位创新者率先开发出一款原始性能良好的产品，然后提高了使用便捷性、易得性，降低了价格。这位创新者在主流市场之外推出了这样的产品或服务，也许是针对一位要求不高，愿意为了价格牺牲一些性能的客户；或是针对一位缺乏专业技能或囊中羞涩而用不起现有解决方案的人士，创新者以此为立足点改善了产品与服务，从而满足了更大范围的客户需求。一项曾被认为次等而被搁置的创新成果因使用广泛而变得完美。

历史上看，掌握了颠覆性创新的创新者都并非来自相关产业的主流。所以克里斯坦森给他的第一本书起名为《创新者的窘境》。他发现历史上很多伟大的企业，比如柯达、数字

① 我们应该创造但还没有创造的是黄金标准“颠覆性数据库”，收集所有的已被认证的颠覆性发展案例。《创新者的解答》一书中有一份相当全面的清单，包括了 2000 年以前的颠覆性发展案例。我们在 2007 年发表了一份特别的通讯庆祝《创新者的窘境》出版 10 周年，也着重列出了一些最新的发展亮点。对这些亮点的介绍参见：克里斯坦森与创见团队，《颠覆十年》(*Decade of Disruption*)，福布斯网站(Forbes. com)，2007 年 10 月 26 日，www. forbes. com/2007/08/31/christensen-disruption-kodak-pf-guru_in_cc_0904christensen_inl. html。

设备公司、西尔斯·罗伯克百货公司、通用汽车公司，都因为墨守成规而栽了跟头。他们只听从企业最重要的客户的意见，并根据他们的要求进行创新，从而提高价格与利润，然后就突然目瞪口呆地败给了看似无知的新手，正是这些新手们用颠覆性创新攻下了市场高地。随着克里斯坦森和他的同事进一步解码颠覆性创新，思科系统、宝洁、塔塔集团等一批正发展起来的市场引领者，开始将颠覆性创新变成自己的优势。

你可以用颠覆性创新进一步挖掘你的想法。如果你反其道而行之，大幅度地降低其他人认为的产品最重要的性能，那么产品会变成什么样？这并不是说要将产品做得非常低劣。这种方法可以帮助你从另一个角度考虑，然后创作出更简洁、更廉价的事物。

要记住，颠覆性创新是一种工具。我也见过一些人一门心思要做出克里斯坦森所定义的颠覆性创新，以至于忘了问问自己最基本的问题，比如，“人家要不要这样的东西？”或者“这东西卖得出足够的价钱来抵消成本吗？”要记住，商业的核心就是做买卖。用颠覆性的思维考虑问题能为你指出新的方向，但千万不要忘记你最终的目的是要获得影响力。

然而，在酝酿发展一个创新的想法时，记住戴维·顾莱的创新准则吧——要做非同寻常的事业，你就得做非同寻常的事情。

锦囊教你如何做：

✓ 找出你每天都会使用的东西，采用颠覆性创新模式想一想如何改变它。

✓ 如果你正在酝酿 1 个创新的点子，写下 3 个你能做到的改变，以使它更符合颠覆性创新模式。

✓ 找出 3 家会对你所在的行业有颠覆性影响力的初创企业。

第13天

领悟商业模式的创新

中心问题	一句话简答
商业模式是什么？我如何创新？	商业模式指企业创造、获取、传递价值的方式；在一个宽泛的范围内对这些商业模式进行系统化考虑，可以帮助实现商业模式的创新。

请你快速地说出21世纪第一个10年里最成功的技术公司有哪些。如果你的想法跟大家一样，那么你一般会想到的名字有谷歌、亚马逊、网飞以及苹果。[①] 这几家的确很有代表性。如果你在1999年12月31日那天投资了1万美元买苹果公司和亚马逊公司的股票，然后在2002年和2004年网飞公司与谷歌公司上市的时候又各投了1万美元，到2009年底，你就拿到了一大笔钱——23万美元；而如果你将同样数额的钱在同期投在纳斯达克指数上，那么你只能拿到37 500美元。

这几家公司有什么相同之处？也许你的第一反应是"它们在技术上有大笔投资"，但其实它们之间有一个隐性的联系，那就是他们成功的关键都是他们的商业模式。

让我们来着重看一看苹果公司和亚马逊公司。苹果公司

① 如果你居住在亚洲，那你有可能先想到的是腾讯（Tencent）和百度（Baidu），两者都属于这个类别。

在 21 世纪初推出了一系列改变游戏规则的技术，最知名的要数便携式音乐播放器和智能手机了。智能、强大的操作系统有力支撑着这两大平台。然而，在这两大业务案例中，成功的驱动力都是独特的商业模式。想想如果苹果公司没有给 iPod 装上方便好用的软件和一个前所未有的只需支付 0.99 美元的音乐库，情况会怎样？或者，如果苹果公司从未创建 App 应用商店，情况会怎样？作者在写这本书的时候，App 商店可提供给人们的苹果手机的 App 应用已达 30 万个之多。① 又或者，苹果公司没有建立自己的专卖店，情况又会怎样？截至 2011 年，这些专卖店已售出价值超过 10 亿美元的产品……每个月哦。

亚马逊公司也是一系列商业模式的创新者。它的核心业务就很创新。如果你仔细看看它的财务报告，这家企业实在不像是一家零售商。它更像是一个售卖杂志订单的公司。怎么讲？亚马逊公司是这样运营的，它在你下了订单之后才向供应商下采购单，15—30 天后才付给供应商采购款。它先拿到了你的钱，然后才支付给供应商。这就像你买了一份由亚马逊公司经过一段时间去兑现的订单。这让他们的现金周转天数为负，对于一家零售商，这种情况是很少发生的。亚马逊公司之前的核心业务是图书零售，随着向其他产品领域扩张，它便成为一家全品类零售商。然后它又将订购服务升级，推

① 我 5 岁的儿子钟爱《愤怒的小鸟》和《割绳子》，而 3 岁的女儿喜欢《自己做圣代》。

出了亚马逊金牌服务，客户每年只要支付一些年费，就可以获得免邮费的优惠。亚马逊公司相信购买量的增长绝对能抵消免邮费的损失，这宝是押对了。亚马逊公司还是领先的云计算服务供应商，它的服务模式是让小企业租赁亚马逊的硬件，而不是购买。2008 年，亚马逊公司推出了第一款 Kindle 电子书阅读器。当其他公司特别是苹果公司推出类似的产品后，亚马逊公司又开发了软件帮助消费者在任何平台上可以获取 Kindle 电子书。当然不是所有努力都会成功（比如拍卖业务就打了一枚哑炮），但亚马逊公司十年的发展历程令人叹为观止。

当然，如果没有超乎寻常的技术，所有这些公司都会黯然失色。但是最好的创新者不会只满足于为他们的产品或服务思考特性或功能。他们会思考一整套终端到终端的商业模式。

那么现在问题来了，"商业模式"这个词汇老是被抛来抛去，也没个明确的定义。创见公司对于商业模式的定义记载于马克·约翰逊所著的《捕捉空白点》一书中："商业模式是个蓝图，它描绘了一个企业向一个客户群体传递价值并获得利润的途径。"约翰逊的框架图指出了以下需要关注的重要方面：

（1）如何创造价值。除了解决方案本身，还需要考虑客户们会去哪里寻找解决方案，以及如何获得，等等。

（2）如何获取价值。有没有不同的赚钱方式？

（3）如何传递价值。你在做什么？你的合作伙伴们在做什么？你是如何做的？你可以用不同的方式做什么？

一张好的思维蓝图通过这几个方面的缜密思考而绘制出。我的家庭故事就能说明一位创新者所要考虑的一系列选择。

2000 年，我的姐姐米歇尔在加州大学伯克利分校(University of California-Berkeley)攻读发展心理学博士学位。她对美式手语在语言习得、认知与读写中的作用特别感兴趣。她发现一个有趣的现象，就是人类交流的意愿在喉肌发育到可以说话前就产生了。她生第一个女儿那年，就产生了教女儿用美式手语来沟通的想法。

米歇尔在深入钻研这个课题的过程中了解到，一些研究表明，从统计学意义上讲，学习用手势表达自己想法的孩子的智商会有显著、持续的提升。理论研究认为孩子们一旦学会了这种交流方式并取得想要的效果后，他们便会迫不及待地期望学到更多东西。当然，等喉肌长成后，孩子们发现跟父母与兄弟姐妹说话比手语交流更有效，就会逐渐减少使用手语了。

米歇尔还发现关于这个课题的书籍要么太学术了以致一般人无法理解，要么能够理解但又不精确。她发现了一个机会，找到一个结构化方法，让家长们也觉得很实用。于是她与一位朋友合作，将她的科学洞见进行商业化操作。

想一想米歇尔会遇到什么选择。

她如何创造价值？她的想法的核心是创造一个简单的方法论。她可以用工具来体现这种方法论，比如图片卡、视频、课堂教程或是在线视频。她可以自己去销售产品，也可以通过亚马逊这样的第三方零售商，或者找个合作伙伴，如金宝贝(Gymboree)或启德童音乐课程(Kindermusik)来进行销售。

她如何获取价值？她显然可以通过直销给消费者获利。她也可以将产品和服务的使用许可卖给其他销售商，或是将特许经营权卖给想要自己来创办课程的当地企业。

她如何传递价值？她可以建立一个销售与产品设计团队，或是寻找合作伙伴规模化经营这项业务。她可以尝试创立自己的品牌，或是与其他知名品牌合作。她可以建立一个网站，利用博客进行普及化以及其他社交媒介做市场营销，或者通过传统的媒体渠道做广告。

哟！来看米歇尔是怎么选择的——

她最终选择把这套利用手势来进行交流的方法命名为“聪明手语”。她专注于通过网络、直接渠道销售视频与训练工具，同时通过与启德童音乐课程合作开设训练课程。启德童音乐课程拥有5 000多家教育机构，提供通过音乐与动作进行早教的服务。她通过聪明手语编制的课程——“唱唱学手语”至今仍被启德童音乐课程采用。虽然目前为止她在商业上的成功有限，但是她的创新方法论给了她一个平台、一个学习途径以及后续延伸。2010年，她的学术研究成果颇丰，出版了《难对付的小女孩》(*Little Girl Can Be Mean*)一书，这是第一本针对防止小学阶段女生受欺负的问题提供实际指导的图书。[①] 我会在第3周解释为什么每个创新成功的故事都会

---

① 参见：米歇尔·安东尼和瑞娜·林德(Reyna Lindert)，《难对付的小女孩：教低年级女生如何防止受欺负》(*Little Girl Can Be Mean: Four Steps to Bully-Proof Girls in the Early Grades*)，纽约：圣马丁格里芬出版社(St. Martin's Griffin)，2010年。

有一些挫折与转折！

我的姐姐可能永远无法取得像苹果、亚马逊或是谷歌等公司的商业成功。但是对商业模式进行综合考虑，增大了她成功创造、获取及传递价值的机会。

锦囊教你如何做：

✓ 为你的公司或是点子建立商业模式文档。在 www.seizingthewhitespace.com 或亚历山大·奥斯特瓦尔德(Alexander Osterwalder)的 businessmodelgeneration.com 网站上可以找到有用的工具。

✓ 绘制你的个人商业模式图——你在生活中如何创造价值、获取价值或传递价值？

✓ 找出 1 个你仰慕的商业模式。如果你将这个商业模式与你正在思考的创新点子相结合，它会是怎样的？

第14天

整　合

中心问题	一句话简答
如何为我的工作绘制具体的蓝图？	“不要只顾干活——站一会儿”；退一步，将你的工作整合到一份完整的计划里。

2009年，我们举行了一次小聚会，请来了几家公司的高管，私下里聊一聊他们在公司成长与创新过程中遇到的主要问题。那次聚会上，创新大师理查德·佛斯特(Richard Foster)就这一主题讲述了他的最新观点。这简直是一项绝技啊——100张PPT用1个小时讲完，全程充满了详实的案例、风趣的故事和独特的分析。我记得最清楚的是PPT中的第1部分，也是本书中第2周训练的最后一部分——如何在佛斯特的指导下成为一个具有更好创新思维的人：“不要只顾干活——站一会儿。”

再回味一下这句话。佛斯特解释说，我们不能被每天繁杂的活动给束缚住。相反，作为一个创新者，需要有能力将碎片似的工作整合到一份完整的计划里。通常来讲，你可以在四个层面上进行整合性工作：

(1) 电梯演讲：在60秒或更短时间内，你怎样描述自己的想法？

(2) 点子简历：你如何用 1 页纸简单描述你的点子？①

(3) 执行总结：如何用 5—10 张 PPT（或等量的其他载体）勾勒出你的点子的主要特点？

(4) 详细蓝图：你具体实施的工作计划是什么？为什么它能成功并且如此重要？

第 1—3 层面的简要总结可用来帮助归纳和兜售你的点子，这是很重要的方法（本书“第 3 周”部分会着重讲销售技巧的重要性），今天的训练主要关注第 4 层面上的更具整合性的蓝图绘制。

绘制这份蓝图并没有统一的方法。比如，一份关于新的增长业务的蓝图与一份工艺改善的蓝图就截然不同。一般我会建议企业客户与企业家们在他们的蓝图里至少包括以下要素②：

(1) 目标客户：客户努力想要完成的任务是什么？什么迹象表明，这项任务既重要，又是现有的解决方案无法圆满解决的？

(2) 主要权益人：除了客户，购买与使用解决方案的决策还涉及谁？他们努力想要完成的任务是什么？为什么他们会支持你的这个点子？

---

① 《创新者的成长指南》第 5 章里有关于点子简历的例子。

② 你如果觉得这份清单里的词语比较陌生，可以参见：霍华德·史蒂芬森（Howard M. Stevenson）等，《企业创业（第 2 版）》（管理实践丛书）（*The Entrepreneurial Venture*, 2nd ed., Practice of Management Series），波士顿：哈佛商学院出版社，1999 年；或罗伯特·希金斯（Robert Higgins），《财务管理分析（第 9 版）》（*Analysis of Financial Management*, 9th ed.），纽约：麦格劳-希尔出版社（McGraw-Hill），2008 年。你还可以在维基百科上查到一些通用的定义。

(3) 点子：你的点子如何抚平客户的创伤？与客户可以用来完成任务的其他方法相比，你的优势在哪里？它与众不同的方面是什么？它看起来怎么样？感觉起来怎么样？

(4) 经济性计算：你的点子将来的收益会有多少？获得这些收益要花费多少成本？需要怎样的基础条件？主要的资金支出有哪些？

(5) 商业化途径：一开始你会立足于哪个市场？以此为起点，你又会向哪个方向扩张？

(6) 运营：这次机遇所涉及的主要活动有哪些？怎么分工？你做什么？你需要怎样的合作伙伴与合作形式？你需要获得什么资源？

(7) 团队：你的团队会有哪些人？为什么你相信这样的团队会有机会成功？

(8) 金融：执行你的计划会花费多少钱？什么时候会有投资回报？目前有谁资助了你的点子？他们提供了什么？

(9) 行动计划：最重要的假设有哪些？你近期准备进行哪些活动来验证这些假设？

第3周里，我会更为详细地指导你如何考虑以上这些要素，特别是在经济性计算与行动计划方面。但是目前来看，这个清单可以帮助你从多个方面考量你的点子。再多提一些“如果……会怎样”的问题，比如：“如果我们把目标对准这个客户，结果会怎样？”“如果我们把定价翻一倍，结果会怎样？”“如果我们的竞争对手买下了这家我们看中的热门的初创企业，结果会怎样？”再通过合作伙伴、供应商、分销商以及其他人的眼睛去看看你的想法。你只要违反一条简单却重要的规则就会走向失败——人们不会去做他们觉得没意义的事情。令人惊讶的是，有很多企业把成功寄希望于迫使销售渠道改变模式，或是供应商损失收入，或是合作伙伴签订一个明显偏向一方的合约。这些思维训练应该能帮助你把点子发展得更健全，然后列出最重要的假设，并且在下一周的训练中加以验证。

创新是一个反复的过程。创新者应该总是在做研究并进一步健全他的点子后加以验证。好的创新者应该学会后退一步，将他们的研究、实验和人脉等进行整合。他们应该能够理解所学知识的内涵，并将其融合应用到自己的点子之中。所以今天的训练内容就是整合——其实这部分内容在第 1—3 周的训练中无处不在，你应该经常复习。

锦囊教你如何做：

✓ 针对你正在研究的点子准备 60 秒电梯演讲，然后讲给朋友听。

✓ 向你认识的企业家或是小业主索要 1 份商业计划书。

✓ 浏览 slideshare. com 网站，找出好的商业计划书模板。

第2周归纳小结

第2周的训练重点是为一个创新点子绘制蓝图。希望你已成功解答了以下三个重要问题：

（1）我的创新点子的精髓是什么？与众不同之处在哪里？为什么它会有影响力？

（2）它在哪些方面会比客户现在能获得或买得起的解决方案更好？做到什么程度就算足够好了？

（3）我的综合计划是什么？

更广义地说，请记住以下四个重要术语：

（1）巧妙借鉴：找出解决过类似问题的其他人或其他组织，不管他们在哪里。

（2）颠覆性创新：创造出新的市场，或是以简化、便捷、低价、易获取的途径对现有市场进行转型的事物。

（3）足够好：一个简单的特征是牺牲一些原始性能后可以开启新的创新机遇。

（4）商业模式：你如何创造、获取和传递价值。

第3周

评估测试创新点子

人们常常错误地认为希望成为创新者的人所面临的最大阻碍是酝酿一个有前途的点子。其实有点子相对来说还是简单的。难的部分实际上是真正地加以实施。本周的创新训练以印度的理发师、软件巨头和托马斯·爱迪生为例，帮助你识别自己的点子究竟有没有潜力，以及做一些实验来应对关键的未知问题。

本周会帮助你完成以下任务：

(1) 评估你的点子的潜力；

(2) 识别出在实现这种潜力背后最主要的设想；

(3) 通过试验来验证那些设想；

(4) 从这些试验结果中找出正确的含义。

第15天

由模式指引、由行动决定

中心问题	一句话简答
我如何区分好主意和坏主意?	用模式指引方向,判断一个点子是否在往好的方向发展,然后做一些试验来确认你的"方向感"对不对。

如果你接受第3章所提出的迈克·泰森、赫尔莫特·冯·毛奇和芮塔·麦格雷丝的教诲,那你就会同意你在第2周所努力酝酿的点子会以某种有趣的方式出错。那么,现在关键的问题就是,判断你是否有希望可以向一个有效的方向行进。

你如何判定一个点子是否有潜力呢?我知道大多数的大公司是如何解决这个问题的。他们研读数据,邀请创新专家来创建模型预测该点子是否有潜力。模型运算后会给出一个数字——也许是净现值或是投资回报。数值越高,企业高管越可能将这个点子付诸实践。

这种方法用于比较项目是否具有高可行性非常合理。无论如何,你可以相信数据模型的分析设想。但是当你在创新时,尤其是在做以前从没有过的事情时,数字可能是会骗人的。

斯考特·库克(Scott Cook)是财捷集团(Intuit)的创始人

斯考特·库克
（由财捷集团提供）

和董事会主席，该公司以其编写的财务软件 TurboTax，Quicken 和 Quickbooks 而闻名于世。这些程序都使用户能便捷地使用各种财务规则。库克还说过一句关于创新的名言，是我最喜欢引用的："回头看看那些我们失败的业务，每一个数据分析结果都是激动人心的。"

所以千万不要把激动人心的数据分析结果等同于蓬勃发展的业务，它们可是两回事。

反过来说，有时候一个看上去很糟糕的数据表也会掩盖住蓬勃发展的业务。想想 Align 的案例。① 2004 年在为宝洁公司举办的研讨会上，我第一次碰到这个团队。他们在做一种益生菌补充剂，每天食用可以缓解令患者烦恼的肠道综合症的症状。仅在美国就有超过 3 000 万的人群患这种病症。大多数患者所能做的就是尽力改变引发这种症状的生活方式。

① 对于我为数不多的忠实读者们，我要为经常使用这个故事而道歉。这是一个很适用的好案例，而且我也被允许可以讲述其中的细节。

这个点子充满了颠覆性的创新潜力。它解决了一个令人烦恼且不够好的解决方案的问题。这个点子提出了开发新的产品种类的工作思路。得到的产品具有独立的知识产权，而且客户试用之后都反馈他们的生活发生了改变。

当然，当时这个项目差点夭折了。

你要问为什么会有如此出人意料的情况？因为根据当时的市场预测分析，这个项目的发展机会不大。一个新品牌的推出代价昂贵，而且该团队还没能解决所有的技术问题。大投入、高风险、低回报，这当然是企业无法接受的。

然而，Align 团队熬过了难关。他们发现当时的市场调研的一个关键因素是消费者是否会每天都吃一片这种益生菌(用行话说，就是“依从度”)。消费者告诉调研者，他们可能会偶尔吃一片。当然，因为他们从没有试过这种产品，并不清楚这种补充剂的好处，所以有理由认为他们所说的并不一定代表事实。为了达到全面推出这项产品的目的，团队引入了情景分析。管理层同意采用风投的方式，先投一笔种子资金试试水，验证一下之前的设想。团队在互联网上悄悄地推出了这一产品，没有花费千万美元在全国大做广告，而是挑选了几座城市进行有针对性的宣传活动。结果在这个受控的中试期间，消费者的依从度非常高，该产品在包括 Walgreens. com 在内的网络分销量日益增长。由于团队后续的不断努力，该产品最终于 2009 年在全国发布，Align 团队也因此获得了梦寐以求的行业奖——该类别的最具创意产品首发奖。

因此，如果激动人心的数据表可能带来的是糟糕的业务，而糟糕的数据表又可能会掩盖住蓬勃发展的业务，你该怎么办？

库克基于自己的经验，提出了一种简单易行的法则：指导团队深度评估客户需求的强度与他们能提供的解决方案的新颖度。这个经验教会他，把这两件事情解决了就为开拓新业务打下成功的基础了。Align 当然通过了这两项考验！我一般会问有点子的企业家以下五个问题：

（1）是否有一个重要的问题因目前的解决方案太昂贵或不实用而困扰着客户？用我们的话来讲，有没有高潜力的任务要完成？

（2）是否有可以用更简化、更便捷、更低价的方式解决问题的颠覆性方法？

（3）是否有一种似乎合理的商业模式设想，在经济效益上很有吸引力，同时又能规模化运作？要回答这个问题不需要一个具体的财务模型（反正都是错的），但需要一个合理的，至少有说服力的阐述，还要有将这个设想付诸实践的计划（第16 天的训练会介绍如何快速考量一个点子的经济潜力）。

（4）团队是否具备良好的素质，使他们在市场中边学习边走向正确方向？记得哦，第一个点子非常有可能是不正确的。教条、固执、总想证明其正确性的团队在创新过程中是很容易出错的。

（5）有没有可能先有点早期利润？最终的成功需要一种盈利模式。越早发现获利的希望，越能成功。你可能会做出一个战略性决定，先在市场营销、提高销售能力等方面进行投资而不考虑利润问题，但你至少要知道你的模式的核心部分是靠谱的。

在以上两个案例中，库克和我依靠的都是模式。当然这并不是说这些模式在不同情况下都是唯一的或最好的。如果你想要知道你的点子、方法或计划是否可行，请回顾一下历史，这一点是具有普遍指导意义的。回顾你或者其他人过去的尝试，什么成功了，而什么没成功。比如，如果你想要确认你是否有足够的积蓄回学校攻读博士学位，然后计划写毕业论文的时间比历史上其他人用的时间要缩短一半，至少你应该问这样一个问题："历史教会我们什么？"①

让模式指引你……但让行动做决定。事实上，就算有件事情非常符合完美的发展模式，它也有可能会失败。抬头望一望创新的拉什莫尔山上迈克·泰森的面孔，记住他说过，你的脸会被狠狠地揍上一拳。你的点子肯定会有某种错误。你必须得找出哪里有问题。而验证你的点子是不是出色的唯一方法就是是否有人付钱买你的产品或服务，或者是否有人投资支持一个能赢利的商业模式，或是你是否真的取得了你希望得到的结果，诸如此类。

但这不等于你要下一个大赌注或者等很长时间来验证一个点子的好坏。你的目标是通过进行一些有针对性的试验，尽可能多地、尽可能快地学习。想要了解更多？继续读这本

---

① 事实证明，令人悲哀的是人类并不擅长学习历史。文献里称之为计划谬误。我们总是误认为做任何事情都比它们实际上的更快、更便宜。我们真的生活在乌比冈湖里，所有人都认为自己高出平均水平。

书吧！本周的其他小贴示会帮助你更深入地思考这个问题。

锦囊教你如何做：

✓ 找出你生命中最具创新性的 3 个时刻。它们之间有什么联系？

✓ 找朋友聊聊曾因计算出的数字不理想而被毙掉的 1 个好主意。

✓ 比较你的公司最近 5 个主要创新产品的财务预测与实际结果。

✓ 找出 2 个成功案例与 2 个失败案例，看它们如何完美地回答了我给企业家的 5 个问题。你认为这个问题清单里还缺什么？

第16天

计算点子的“4个P值”

中心问题	一句话简答
用什么方法可以快速估算出我的点子有多少金融潜力?	可以将人数、渗透率、价格与购买频率相乘，来快速洞察一个点子的潜力。

任何一个市场营销人员都可以快速地背出与市场营销相关的所谓“4个P”——产品(product)、价格(price)、地点(place)和促销手段(promotion)。创新者应该也能快速地背出决定创意潜力的“4个P”——人数(population)、渗透率(penetration)、价格(price)和购买频率(purchase frequency)。[①]

我们回到2010年中的时候，我正在开会，一个创新团队正在煞费苦心地逐一解析一份精心制作的数据表，表中的数据详细说明了其点子的增值潜力。执行官们也慢条斯理地对某些假设不时抛些理解上的问题，继而又是热烈的讨论。

这个团队邀请我来会场观察，但不需要说话。于是我安

---

① 如果你是安东尼博客的热心读者，你会发现今天的课程很熟悉。本书的很多章节都是选取自我的博文，或是根据已出版的书的内容整理而成。但是这篇博文是我最受欢迎的一篇文章，很多人读过，所以我几乎是照搬过来的。我还得不知羞耻地插入我的博客地址！参见：http：//blogs.hbr.org/anthony。

静地坐着，并且做了一些笔记。会后，我跟该创新团队的负责人聊了聊。

她说："这真是一次非常棒的评审会议，执行官们都真正投入到会议中，我们的计划得到了很多支持。"

我却有着不同的看法："我并不认为其中任何一个执行官能告诉你这个点子的精髓是什么，或者说用什么方式才能使你这个点子变得更加完美。你熬过了这次会议，但你并没有真正说服这些执行官应该为这个点子投资。"

在这次会议举行之前，这个团队就应该大致估算一下他们的点子得有多大规模才能打动这些执行官。人们也许会说这个数字不是很重要，但是请相信我，这其实非常重要，特别是在一家大公司内。基于这一点，这样的会议就应该聚焦两个特定的问题：

(1) 争取什么样的计算方法，可以跨过大家约定俗成的规模的门槛？你可以简单地写在一张纸巾的背面。

(2) 团队有什么证据证明这种计算方法是合理的？

关于创新的"4 个 P 值"会帮助解答上述问题，并提供一个很棒的方法为任何点子的金融潜力做一次快速的"体检"。

比如，几年前，我与一家消费者卫生保健公司的一个团队共事。这个团队的成员知道，他们的点子要得到管理层的支持，必须要有潜力使每年的收入总额超过 1 亿美元。

我们了解到患有这种特定"病症"的人数有 1 000 万之多。这个团队想要推出的产品每件成本 20 美元。团队预测平均每位消费者每年会购买 5 件。

如果团队能渗透整个市场，收入总额就能达到 10 亿美元。那意味着要争取 100 万名顾客，即市场总规模的 1/10，才能让团队完成 1 亿美元这个神奇的指标。这就是“4 个 P”在发挥着作用。收入要达到 1 亿美元就要渗透规模为 1 000 万人的市场的 1/10，他们会每年 5 次，以每包 20 美元的价格购买这个产品。

给你两条建议。第一，尽可能精确地估计你的目标群体的规模。你会很容易掉进这样的陷阱——过于宽泛地定义市场，以至于任何一个“门槛”都能跨得过去（“我们只要每个印度人出一美元……”）。创建一个尽可能小的市场，针对的是可能成为你的忠实顾客的目标人群。第二，不要轻易断言你的渗透率——等你评估了人数、价格和购买频率之后再解决这个问题。

这种看似简单的计算，简洁明了地抓住了一个创意点子的商业模式中的许多元素。这个创意把目标对准了一个新的商机还是大众消费群体？购买行为会是偶尔为之的还是频繁的？什么渠道可以支持目标、价格？针对购买频率需要提供怎样的售后服务？

等你计算了“4 个 P 值”，当然，如果你加入第 5 个“P”——利润率（profit margin）——你可以预测利润，而不是收入，重点就转移到了上文中的第二个问题：找到系统方法来确定计算背后的设想是否有希望是真的。

比如，我们的消费者卫生保健产品团队看完模拟的产品推广计划之后，了解到 1/10 的渗透率算是合理的估算。市场调研也支持 20 美元的价格点。这个简单的方法就为这个团队的新产品推广建立了信心。

在创建复杂的数据表时进行深入的思考与分析是非常有用的。但是,这种做法也有可能将行动与进展混淆。你先确保能回答简单的问题,再去考虑复杂的吧。

锦囊教你如何做:

✓ 找 1 件你今天用过的产品,估算它的“4 个 P 值”。

✓ 为你公司的旗舰产品计算它的“4 个 P 值”。

第 17 天

对成功实行逆向工程法

中心问题	一句话简答
我如何识别出一个点子的最重要的设想?	确定成功的标志,然后找出取得成功必须要做的 2 件最关键的事情。

困难的部分不是想象成功的模样,而是真正获得它。

当我写完一页纸的总结后,我的脑海中闪过了这个想法。那是 2010 年 2 月的一天。那个月的月初,我开始草拟建立创见实验室的点子,我们计划为大企业提供业务创建服务(第 3 天的训练已经介绍了创见实验室)。

我的同事们大多表达了他们对这个理念的热诚,并表示支持以后的发展工作。他们问了我一个他们认为挺难的问题:"5 年后,这个实验室会是什么样子?"

要回答这个问题其实很容易。几年后,这项业务会取得里程碑式的成功,我们会对各行各业的公司拥有各种影响力。这个点子很契合第 15 天讲到的模式,而且用第 16 天的"4 个 P 值"来计算的结果也非常可靠。因此,真正的难题在于下一步怎么做? 我作为一个企业内部的创业者应该做什么(内部创业者跟其他创业者类似,只是身在一家企业内),才能填补一个仅在 PPT 里有详述的点子与一个无法拒绝的愿景之间的巨大差距?

我们在这个阶段会很容易陷入两种困境。一种是不知所措,两眼盯着自己的 PPT,或是嘴里喃喃自语地重复某个点子。记住,由模式指引、由行动决定。来回翻看 PPT 并不能教给我们怎么做。而且它也不是那种长时间盯着看就会产生 3D 效果的图像。[①]

另一种困境则是我们走向另一个极端,开始像无头苍蝇似的到处乱跑。这种做法会模糊我们的视线,让我们很难在推广自己点子的道路上取得有意义的进步。

有些人会放点音乐来获取灵感。我呢?我会去翻看我的榜样麦格雷丝与库克所写的著作。

正如本书第 2 章提到的,创新大师芮塔·麦格雷丝(和她受人尊敬的同事伊恩·麦米伦)有一种非常有用的方法来对一个点子进行分解。这种方法的精髓就是要先定义成功。什么样的结果会使你开心?然后对这样的结果实行“逆向工程”,以识别出那些必须被证明是真的,我们才能成功的核心所在。记得我们第 14 天的训练(“整合”)中所说的,要从多个角度思考。目标是要列出一个设想清单——成功背后已阐明的及未阐明的要素。麦格雷丝和麦米伦提供了多种多样的工具协助这一发现驱动计划的过程,从概念架构到数据表样板。

当然,这种练习的结果可能多得令人无所适从。你可能得到几十个,甚至上百个支撑成功的设想。所以很容易会再

① 要知道,我从来没能看到这个图像。

次感到不知所措。现在该斯考特·库克出场了。

我和我的同事在做宝洁公司项目时，与库克（宝洁公司董事会成员）展开过讨论，库克告诉我们："无论什么时候，面对任何颠覆性创新团队，我们都只要关注两个问题就可以了。一旦他们回答了这两个问题，或是这两个设想得以证明、推翻或改变，那么接下来就只剩下一两个问题需要解决了。"

识别一个团队需要关注的两个问题，要用到艺术与科学的融合方法。我在思考酝酿一个点子时，会先重点做一份第15天训练中详述的含有五大元素的清单（重要的问题、颠覆性的解决方案、切实可行的经济模型、可靠的团队以及明确的获利途径）。然后我会找一些聪明人聊一聊，并运用直觉与判断来识别出"交易终结者"（deal killers），如果那些被证明是假的，就会迫使我重新考虑自己的设想。我下一步要做的就是尽多、尽快地去了解这些"终结者"。

针对创见实验室，有两个关键问题需要解决：

（1）是否有对这种服务的需求？如果答案是没有，它就不值得投资。

（2）我们是否能将业务创建服务融合到我们现有的服务中去？如果答案是不行，我们就不得不创建一个独立的公司来提供这种服务，这是我们不愿意实施的。

还有其他很多问题需要解答（除了借鉴，我们必须创建什么？应该如何领导这项业务？等等），但是，如果我们能够在90天内解决这两个问题，那么对于如何将这个机遇变为现实，我们就有了明确的感觉。

那么我们做了些什么呢?我们找了两家领袖客户并进行针对性实验。这两家企业热诚的态度对第一个问题给出了肯定的回答;我们成功地整合了服务交付模式,费了些周折将其嵌入我们“传统的”咨询业中,使产出更加现实,就又解决了第二个问题。2011年初,我们正式推出了这项业务。

这个技巧——想象成功的结果,再通过反推去理解当什么设想为真时才能使成功成为可能,再聚焦最关键的问题(“交易终结者”)——通常来讲这是有用的方法。2008年,当我们思考是否要将《战略与创新》(*Strategy & Innovation*)从纸质印刷通讯转变为在线刊物时,我们就采用了类似的方法。

我们已经意识到,出版一本高成本的双月刊通讯读物,并在页面边缘打孔以便读者将其装入活页夹,这种想法是不对的。我们需要的是更简单、覆盖面更广的形式。但同时我们担心,如果我们改成免费分发的在线刊物,那些花高价订阅纸质版的客户会抗议。我们准备向他们提供商品与服务作为补偿,但同时又不舍得对于一家年轻的公司来说最重要的东西——现金。

于是我们对问题作逆向分析。我们估算了在这次转型中我们能够承担的最大损失值。我们计算了如达到这个阈值,现有读者中会要求退款的比率。我们同时又搜寻了其他出版社进行类似转型时的相关数据。这一小小的练习增强了我们掌控下跌风险的信心,因此我们完成了这一转型。①

① 几乎没有人来要退款。

这种方法也在我的个人生活中悄然发挥着作用。我们决定搬去新加坡的时候，我和妻子坐下来商量："我们在新加坡的第 1 周会发生什么？"然后我们通过反推找出能让这段过渡期尽量顺利的关键点。我们设想了耗时较长的一些事项，于是就提早应对（如联系搬家公司、为儿子找合适的学校、卖车等），这样我们就能避免最后一刻的手忙脚乱。[①] 利用第 9 天的训练内容，我们收集各种信息，比如网上关于如何在新加坡生活的文章，以及其他移居国外人士的亲身体会等。我们虽没有做到尽善尽美，但是逆向工程反推的方法的确帮助了我们。

如果你遇到不知所措的情况，那就试着分解问题，寻找简单可行的步骤来开始一段将不可能变为可能的旅程。也请记住，这不是一次性的练习。你需要常常评估你所知的和未知的，以确保你正在关注的是最重要的事情。

锦囊教你如何做：

✔ 思考你尝试去做但失败了的事情。你当时做了什么设想，后来证明是错误的？

✔ 跟想要创业的朋友聊一聊。一起找出 2 个最关键的问题并作回答。在你自己正在做的事情中也找出 2 个最关键的问题并给出回答。

---

① 事实上，我们俩都觉得在波士顿的最后几周是我们在这个城市生活的 10 年中最愉快的时间，至少部分原因是我的妻子做事情实在太井井有条了。

✓ 登陆 TechCrunch. com，读一读关于热门的初创企业的文章。假定你是这家企业的首席执行官，写下 2 个你会担心的问题。

第 18 天

测试关键性设想

中心问题	一句话简答
我如何进一步认识自己点子的正确性?	测试是了解目前的关键性设想是否正确并确定新设想的最佳方法。

纸上的计划看上去都非常伟大(这是计划都会玩的花样)。我们的创见团队将创建一项新的业务,为印度的男士美容产品市场解决"缺失的中间环节"问题。[①] 我只去过印度一次就觉得这个机遇有前途。在印度,如果你想剃须或理发,你要么去一家六星级宾馆的高端美容店体验世界级的一流服务,要么只能找一位收费便宜得不能再便宜的理发师。他的所谓"理发店",就是一把放在马路边的椅子,而他的理发工具至少看上去不是太脏。但是如果你想找介于这两者的东西——用合理的价格购买一次还过得去的理发体验——你可能会很不走运。

我们把我们的创新点子称为"剃刀锐舞"。我们的计划是创新零售亭的样式,将一把理发椅放进一个小工作舱。听上去挺耳熟?这个点子是从第 10 天训练里介绍的简洁理发解

① 有些读者可能好奇,创见除了提供创新咨询服务之外,的确还有其他业务。过去几年中,我们的创见风投孵化或投资了十几个商业项目。

"剃刀锐舞"的市场调研车
摄像师： Vigay Raju

决方案 QB 屋借来的。工作舱的面积很小，需要的管理费用也少，灵活性却很大。我们可以配备世界一流的产品，跟世界品牌吉列和欧莱雅等协作。

记住，研究是非常有价值的，但也有其局限性。你只有在实践中才能真切地知道自己是对的还是错的。优秀的创新者总是在寻找验证的方法——当然也是通过研究——将设想变成知识。

那么消费者会欢迎我们的"剃刀锐舞"吗？只有一种方法可以确定答案。我们租了一辆卡车，把理发椅放在大卡车后面，建立了一家轮子上的理发店。我们开着卡车在班加罗尔的大街小巷穿行了 2 周。消费者们高涨的兴趣告诉我们，市场准备好了支付比路边理发师或低端理发店更高的费用。这次调研的总费用大约 3 000 美元。我们开张了！

然后，我们发现这个项目最终要在“英雄理发师”的问题上止步了。我们在班加罗尔的街头推出了几家“剃刀锐舞”理发舱来验证这种商业模式的确可行。不久我们就发现，拥有一位技术精湛的理发师对于吸引足够多的顾客以实现我们的金融预测目标的梦想是多么至关重要。一位技术精湛的理发师已经拥有一批忠实的顾客，他们愿意绕远路来光顾“剃刀锐舞”理发舱。这些理发师也能把因理发舱奇异的模样而闲逛进来的顾客转变成常客。

事实上，这些理发师们太重要了。你看，这种“单把理发椅”的格局明显把理发师推上了英雄的地位。一旦理发师意识到自己对于这种商业模式的成功起到了多么大的作用，各种要求也接踵而来。我们只得给理发师不停地加工资，一直加到我们的经济模型崩溃或是跟理发师矛盾重重。不彻底改变这种商业模式，我们无法找到一个脱离这种窘境的好方法，因此我们决定停止“剃刀锐舞”项目。

这个故事说明了一条重要的原则。当我们做一件新的事情时，你通常不知道你所做的最重要的设想是什么，一直到我们把整个系统拼合起来。要明白英雄理发师的问题所在——我们需要将理发师推到“英雄”的位置上才能让这个商业模式运行起来，但是理发师成为英雄之后，生意又做不下去了——我们又需要学术界称之为“整合试验”的方法。正如我的同事麦特·厄林（Matt J. Eyring）和克拉克·吉尔伯特（Clark G. Gilbert）于2010年发表于《哈佛商业评论》上的文章里所陈述的：“这种实验的目的是验证不同的元素在实际的商业模式与运营中是如何协作的。本质上讲,它们包含了小规模业务或作为其缩影的一部分推广。”

这听起来有点令人却步,但其实不怎么难理解。一张估算新点子的收益、资产与负债、现金流等的详尽的数据表就是一种整合实验,因为它展示出了一个完整业务的功能。简单的模型或是模拟也可以帮助识别将系统的部件拼装在一起后可能发生的状况。整合试验不一定要产出大量的结果,关键是要了解“未知的未知点”,即你不知道自己还未知的那些事物。

整合试验与针对性试验相反。针对性试验将一个特定的变量隔离出来并加以测试。当一个明确的、已识别出风险的变量可以直接加以测试时,针对性试验的效果会非常好。

比如,几年前,我们在帮助特纳广播公司的一个团队(特纳的有线频道包括 CNN、TBS、TNT 和动画网络),这个团队有个好点子,是关于一种有趣的广告模型。调研显示,有着某种语境意义的广告能让消费者产生共鸣。比如,你在谷歌上搜索某样东西时,与特定搜索关键词关联的广告会让人印象深刻。这个团队想知道类似的模型对于电视广告是否有效。为了阐释其想法,团队负责人播放了一段流行电影里高速追车的场景,在最后跳出的广告是宝马最新的一款汽车。的确印象深刻,是吧?

关键问题之一是,特纳广播公司在编排节目时是否有足够多的可识别语境来支撑内容广泛的节目。该团队为此设计了一个很聪明的测试。它给了一组暑期实习生两周的时间,让他们从特纳广播公司拥有版权的电影和电视节目里收集可能对广告商有用的语境。这些实习生找到了很多这样的语境，而且这次针对性的试验结果形成了特纳广播公司向广告商推出的 TVinContext(语境电视)广告业务的重要部分。

位列创新的拉什莫尔山的托马斯·爱迪生有一句绝妙的名言："天才就是百分之一的灵感加上百分之九十九的汗水。"如果你(或者这些暑期实习生)没有流汗，那你就没有创新。无论何时你有了主意，试着用最快的方法去了解一下主要的设想，或是找出你没有意识到的自己正在做的关键性设想。

锦囊教你如何做：

✓ 列出你的点子背后的 5 个最主要的设想；设计并执行不必花钱便可验证这些设想的正确性的方法。

✓ 找出在 60 分钟之内或更短时间内验证某个点子的方法，并加以执行！参见我的博客：http：//blogs. hbr. org/anthony/2011/03/60_minutes_to_a_more_innovativ. html。

✓ 思考一下最近你的生活中的变化。在出现变化之前，你对自己作出了什么样的告诫？你在深入了解"未知的未知点"方面都做了些什么？

第19天
把点子带入现实生活

中心问题	一句话简答
我如何能吸引人们支持我的点子?	用创造性的方法把点子带入现实生活,并形成购买的冲动。

“测试”一词听上去较为学术,但它其实不应如此。仔细看一下前文中的例子。Align把它的产品在网上出售给消费者了。“剃刀锐舞”项目的实验就是上街验证一下人们会不会走进装在卡车上的理发店。特纳广播公司把它的点子推销给了广告商。对于任何一个创新者来说,销售以及开发正确的辅助手段来支持销售流程都是极重要的技能。

事实上,一位优秀的创新者总是处在销售的状态。在一整天的时间内,一位创新者可能会需要完成很多典型的销售任务:

(1)说服消费者购买他们以前没有买过的东西。

(2)说服持有怀疑态度的高管投资不同寻常的项目。

(3)掰开风险投资者攥紧钱的手,说服他投资。

(4)说服朋友或同事加入还没有资金投入、统计数据又显示要失败的业务计划。

(5)劝诱一个谨慎的部门免费开放一项资源。

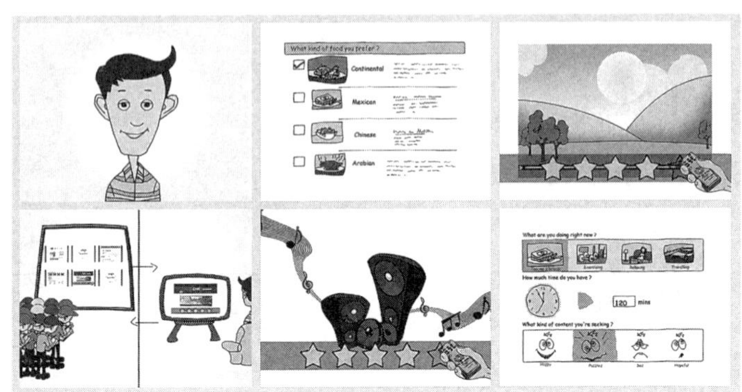

图 7－1

（6）在坏消息连连的情况下说服团队要坚持前行。

销售是用来测试一个点子中最关键设想的好方法。如果你不是以某种形式把点子带入现实生活，那么做销售就会变得十分困难。试想只靠密集的 PPT 演示的数据与材料就让大家兴奋不已，那简直是不可能的。比如，图 7－1 中的屏幕截图就是我们为一家电子产品公司做的方案。你觉得这种方案是不是比 PPT 更能引起共鸣？

所以，放下 PPT，开始寻找一种简单的方法去抓获你的点子的本质。还记得本书第 1 章里描述的“好莱坞卖点”吗？这个方法将点子结晶为一个类比参照（与什么相似）及扭转（使其具有独特性）。我发现那些缺乏很好的“好莱坞卖点”的点子往往很难与客户及权益人沟通。虽然一个很好的“好莱坞卖点”并不意味着这个点子真的很好，但最起码人们可以很快理解它。

人们喜欢看得到或触摸得到的东西。除了“好莱坞卖点”，我们还用以下方法帮助把点子带进现实生活：

（1）90 秒的视频；

（2）模仿杂志广告，给可视化的产品与服务打上巧妙的广告语（别不信，思考广告语也能帮助你对自己的点子有更清晰的认识）；

（3）《马盖先》（MacGyver）式的原型①（用真实或虚拟的胶带绑在一起的原型）；

（4）故事板，用多张图文（有点像卡通片）描绘出客户对产品或服务的体验；

（5）电视广告式的小喜剧；

（6）用免费资源，如 Wix. com 网站上提供的服务，创建半功能化的网站；

（7）引用报纸上刊发的文章宣传你的点子，看到未来 5 年所产生的转型影响力。

这些建议看起来令人生畏，但你会惊讶地发现，它们还是挺容易做到的。比如，我 10 岁的侄女就利用免费获取的工具制作了一个挺精巧的视频。目标并不是要做出看似专业人士做的东西，而是要确保你掌握了自己点子的本质特点，并且帮助你用比 PPT 更好、更清晰的方式与他人沟通。还有一个附加的好处，就是我所知道的，遵循以上任何一种方法的人都进

① 我在亚洲差旅期间惊讶地发现很多人都知道《马盖先》，也理解其文化含义。如果有人还不知道，我简单介绍一下。《马盖先》是 20 世纪八九十年代热播的一部电视剧，同名主角马盖先有个奇特的能力，他能用一把瑞士军刀、胶带以及其他顺手得到的材料组装成奇妙的装置，帮助自己在千钧一发之间保住性命。

一步地理解了自己的点子。说到底，你得先说服自己，你在做的事情是对的。

另一个技巧是让别人来为你做广告。做法可以包括邀请客户来参加一个重要的会议，听取他们描述对你的点子的看法，或者播放一段视频进行正面的宣传。请一位真实的人给出对某个点子的个人意见，即使是最冷静并善于分析的头脑也会作出积极的反应。

如果你实在觉得有必要做 PPT，那至少请遵从盖伊·川崎(Guy Kawasaki)的 10/20/30 规则——设计 10 张 PPT，能在 20 分钟内讲完，字号不得小于 30 号。但今天我们有那么多的工具可供使用，PPT 真是应该在最后才被想到的方法。你当然应该做好功课，但千万不要拿它去讨人烦。

锦囊教你如何做：

✓ 观看 1 段你认为很优秀的销售人员的销售录像，写下这个人重点强调的 3 件事。

✓ 假如你的点子要登上杂志广告，写下你的 1 句话广告语。

✓ 花 5 分钟把这本书中某个章节的理念推介给你的朋友。

✓ 观看 1 段 TED 视频，分析一下为什么 TED 演讲者们如此有效地销售了他们的点子——在他们演讲开始到结束的短短时间内就改变了听众的观点。

第20天

热爱每天做试验

中心问题	一句话简答
我如何能擅长做试验?	始终寻找办法每天做试验。

要规划并完成过去几天的训练，这听起来有点吓人。但如果你把试验当作你每天生活的一部分，你就不会这样感觉了。

许多偶像级的创新者们都极其重视做试验。创新大师托马斯·爱迪生就是一个喜欢捣鼓小发明的人，还喜欢拉小提琴。英国的企业家，维珍集团(Virgin Group)主席理查德·布兰森爵士没有哪一件事是没尝试过的。试验是对身心有益的。不仅因为它让你体验不同的事物，更因为它让你随时准备应对突然的变化，而当今世界变化已然成了新常态。

有时候“试验”这个词让人有些害怕，因为它听起来似乎需要专业的仪器、知识和资金。其实并不然。最好的试验有时就发生在你的头脑里。就像玩象棋的人在决定走这步棋前，会快速地在头脑里想象后面几步棋该怎么走，创新者可以展开思维试验，以发现一个点子的潜力有多大。马克·约翰逊在《捕捉空白点》一书中就分享了一个关于思维试验的很棒的例子。他描述了化学品公司道康宁(Dow Corning)是如何考虑创建一个低成本网站来分销它的产品的(第 24 天的训练将更深层次地讨论这个点子)。在此之前,道康宁通过支付工资,组织销售力量去向客户推销产品。创新团队做了一次思维试验,他们想预测一下,如果道康宁在它的主体机构内部推广一个网站,会发生什么事情。约翰逊解释了结果:"新模式被击碎了!这对于道康宁现行的工作方式来说太异常了。但是前进的道路变得清晰了。想要发展壮大,这项新的商业冒险得从核心业务模式中脱离出来。"

想要变得擅长试验,最好的方法之一就是找到办法把试验嵌入每天的活动中。下面举我个人的一个例子。

我在一家旅馆里。[①] 我醒来开始四处寻找咖啡机。多年来,我的一天总是从一杯热咖啡开始的。就像其他所有的习惯一样,我也从没多想过为什么会有这样的习惯。只是每天早上重复着这件事情。而且这习惯也容易保持,因为好像每家旅馆的房间里都有一部小小的咖啡机。

不知道是什么原因,那家旅馆就是没有咖啡。我手头正要忙几件事,所以没有时间到楼下买一杯咖啡。事情也没什么大不了,因为我确定一会儿要去参加的会议有咖啡供应。但我到了会场后连一杯咖啡也没看到。我想我这一天要多灾多难了,但事实是,从醒来到喝到第一杯咖啡的间隔变长了,我一上午的状态反而更好了。

这也许是特殊状况下偶尔发生的现象,于是我开始有意

① 不要担心,这个故事的结尾绝不是我躺在浴缸里,肾被取走了。

识地做更多的试验。一天，我醒来，先工作一会儿，吃早饭时喝咖啡，然后洗澡。第二天，我会醒来后马上洗澡，吃早饭，去上班，然后在上午的晚些时候喝一杯咖啡。这些并不是非常严格受控的试验，但我逐渐发现如果在我醒来和摄入咖啡因之间有一段间隔的话，我的状态会更好。

想一想你一天内可以做的所有小试验。改变一下你上班的方式，或是改变一下你一天内做事情的顺序。把 3 顿大餐改为 5 顿小餐。试试早上不要刮胡子。在办公室里也有不胜枚举的试验场所。关掉你的黑莓手机，到上午 10 点再开机。先登录 Facebook 而不是邮箱（或者如果你 35 岁以下，那就先登录邮箱而不是 Facebook）。开会的时候等到最后才发言。或者相反，第一个发言。

在第 6 天的训练中强调真实场景重要性的宝洁公司前任领导卡尔·荣恩也笃信，要尽可能贴近试验中的场景："一定要亲自去做试验。如果你要别人去做，你起码也得想象一下你自己做的感觉，找到让你惊奇或者困惑的是什么。必须做到感同身受。"

你一旦开始想着如何试验，就很难停下来了。你会开始发现，越来越多的日常任务通过试验会展现一个更好的途径。

回想一下高中时期的科学课，从试验中得到最多。写下你的设想。"如果我在贝肯街（Beacon Street）左转，就可以节省 4 分钟的上班旅途时间。""如果我下午 2 点吃点水果，就可以防止 3 点时出现的精神低迷。""如果我 1 小时不看邮箱，那么就能改完那份报告。"当然，这些设想还需要验证。

试验无需花费过多金钱或时间。我们在公司里最常听到的问题就是:“如果我的上级不给我更多的预算或更多人手,我怎么办?”当然,你可以恳求、申诉或发脾气,或者证明你的点子是对的。找到某种方法拼凑一些低成本或免费的试验来解决管理层最关键的设想,向管理层展示你没用资源就做到了。这是很有说服力的论据,说明如果有更多资源的话,你将做得更好。

锦囊教你如何做:

✓ 找出 3 件你每天常规要做的事作为试验的基础。

✓ 思考你在生活中即将做出的 1 个决策。找出 2 个选择。问一问自己,在何种设想必须为真的情况下你才会做出第 2 种选择。找到 1 个试验方法以获得更多的信息。

✓ 挑选 1 个你的点子,找 3 种不花钱的方法,进一步了解这个点子的潜力有多大。

第21天

细致地辨别意料之外的情况

中心问题	一句话简答
我如何能在试验中获得正确的信息？	仔细查看原始数据，重点关注意料之外的发现。

本周的训练都是关于评估与测试一个点子的。当然，你并不是因为好玩才做这些。你是在努力获得自信，确定自己在往正确的方向行进——或是习得关键要素帮助你改变点子，以增加成功概率（这就是创新大师史蒂夫·布兰克所称的"轴转"）。

记住，创新是一个不断重复的过程。你可能会需要回到第14天的训练重新构建你的计划。或者你要跳回第3天重新定义你认为需要完成的任务。也许你要回到第17天，重新寻找两个问题进行回答。在你做所有这些事之前，你需要先确定自己是否从试验中学到了正确的东西。

不幸的是，要挑选出这样的学习内容并不是容易的事，主要是因为心理学家们所称的"证实偏见"这个因素。用大白话讲，就是人们看到的是他们想要看到的东西。如果你有一个信念，你看到的就是符合那个信念的东西，并会无视那些不符合的事情。证实偏见能解释为什么两个人看着同一个数据而得出完全不同的愿景。

证实偏见在起作用的一个很好的例子是，1954年艾尔伯特·哈多夫（Albert Hardorf）和哈德雷·坎特里尔（Hadley Cantril）所做的一项研究。研究人员向来自达特茅斯大学和普林斯顿大学的学生们展示了，两个城市的足球队之间一场有争议的足球比赛的录像片段。不出人所料，这两组学生从完全不同的角度看待这场比赛。普林斯顿大学组认为达特茅斯大学队违规次数是普林斯顿大学队的两倍多。而达特茅斯大学组觉得这两个队违规次数是一样的。中立的观察者则认为达特茅斯大学队违规情况更多，但远远少于普林斯顿大学的学生们声称看到的。正如伟大的哲学家保罗·西蒙（Paul Simon）所说："人们只听得见他想听的话，对其余的不加理睬。"①

创新者在测试他们的点子时必须意识到证实偏见的存在。想一想很久以前的那则关于两个人销售鞋子的寓言——两人来到一个没有人穿鞋子的地方，一个销售员给总部发了电报说："这里没有人穿鞋；准备回程。"而另一个销售员的电报则说："这里的市场很大！请发更多的鞋子过来！"

你所做的取决于你所想的。

① 这句话源自西蒙的歌曲"拳击手"。转引自罗伯特·I. 萨顿（Robert I. Sutton），《好老板，坏老板：部属不说但你非懂不可的管理秘技》（*Good Boss, Bad Boss: How to Be the Best ... and Learn from the Worst*），纽约：商务普乐士出版社（Business Plus），2010年。萨顿还引用了一个研究成果，展示了北美职业篮球联盟NBA的篮球队总是让那些早期招募的运动员上场，尽管职业赛事的客观统计数据表明他们没有进攻力。作为华盛顿奇才队的粉丝，我称之为夸梅·布朗（Kwame Brown）现象。

我曾经很直观地看到过一个证实偏见的例子。当时我正在为一家领先的消费类包装产品品牌做咨询工作。我暂且给这家公司起名“巨型公司”吧，并假装那家公司制作美味的麦片早餐。公司一向以自有的专业技术为傲。当竞争对手们大多在市场营销领域拼杀时，这家公司庞大的科学家团队在埋头研究如何改进产品可量化的质量。多年来，巨型公司逐渐拉大了它与其他几个领先的竞争对手之间的距离，占据了市场主要份额。它的麦片产品要比它的主要竞争对手，如辛伯顿公司，松脆度高 30%，营养成份高 20%，口感舒适度高 15%。要达到这么高的质量标准，消费者需要在他们的厨房料理台上添加一个低成本的碗盏，与巨型公司的麦片配套使用才能达到最佳的结果。因为人人都在厨房用餐，这个碗也简单便宜，所以没有人对这样的解决方案有所抱怨。

然而，到了 20 世纪 90 年代中期，辛伯顿公司推出了一个完全不同的解决方案。它把麦片做成条状，可以让消费者拿在手里边走边吃。辛伯顿公司有意牺牲了部分质量来换取便捷。巨型公司的科学家们发现两家的麦片产品在松脆度、营养成份及口感方面的差距分别增大到 40%、30%和 25%。

这些数字都来自巨型公司委托的一个研究团队所做的仔细设计与调研，目标是要搞清楚辛伯顿公司新的解决方案有什么优势。这家大企业还做了调查问卷，询问消费者更喜欢哪种解决方案。答案是什么呢？大部分的消费者都说他们更偏向辛伯顿公司的解决方案。

这个结果让科学家们大为不解。科学家惊叹道：“但是消费者们都说我们的产品在各个可量化的方面都更好啊，他们怎么会更喜欢辛伯顿的产品呢?”

当然，一种解释(也是正确的解释)就是，虽然巨型公司的产品在那些传统质量方面更优越，但越来越多的消费者想要的是便捷，而这恰恰不是传统产业运作的方式。于是巨型公司的科学家们断定他们的提问方法不对。他们重新写了调查问卷，做了几次预测试验，以确保受访人理解每个问题的意图。他们没有去改变问题的本质;他们也没有开始考虑如何应对辛伯顿快速增长的业务。他们只是又做了一遍问卷调查，然后等待结果。

结果一点儿都没有变。消费者们还是反馈说巨型公司的产品更好，但是他们更喜欢辛伯顿的解决方案。巨型公司花费 6 个月时间去调整调研方式，这正给了辛伯顿更多的时间去推出便捷产品的最新改良版，把巨型公司甩得更远了。这对巨型公司来说是一个惩罚!

斯考特·库克(在第 3 周已经提了 3 次了!)指导人们要细致地辨别意料之外的情况。就是说，与其搜寻符合你的设想的数据，还不如专门研究一下意料之外的数据。科学家们称之为研究异常现象。你往往就能在那些异常现象中找到重大的发现。说到底，如果一个试验结果在你的意料之内，那你也不需要做这个试验了。

你如何避免证实偏见，同时更为成功地辨别出意料之外的情况呢? 可以考虑用这些技巧:

第一，不要将研究者与决策者隔离开。如果两者是分开的，那么研究人员肯定会努力将他们所作的市场调研结果提炼成容易理解的摘编，就意味着会去掉异常值与异常现象。如果决策者看到的是原始数据，他们就能发现第三方研究者可能忽略的信号。我们在跟公司合作某些中试业务时，我们都会坚持自己做所有面对客户的工作，这样我们才能抓住这种信号，并且在得到新的信息后随时做出调整。

第二，把事物往你真实期望的反方向去表达。我告诉创新团队，他们在通过调研给出客户是否给新的可增长业务投资的建议时，最初的设想应该总是："我们不应该给这个新的可增长业务投资"。这样才能保证他们会仔细研究调研结果是否符合设想，当然，同时他们也会仔细研究异常值。

最后，邀请与这件事情没有"利益共享，风险共担"的利害关系的人参加讨论。思维缜密的领导常会提及群众的智慧，他们发现群体的智慧比专家都强大，因为个人总会有些证实偏见的情况，而一个群体就不会有（个人的偏见就会互相抵消，当然，有时候狂热、幻想与从众行为会占主导）。哪怕是注入一个外部的声音，都能帮助你辨别出意料之外的情况。

你可能在想，巨型公司后来怎么样了？这家公司又重振旗鼓了。他们丢失了很大一片市场，但是几年后推出了新产品，成功阻止了辛伯顿的上升势头。巨型公司开始研发创新产品，也许未来会使消费者彻底消除对早餐的需要了。①

---

① 很诱人吧？我还不告诉你到底是什么产品。到 2020 年再来问我吧。

锦囊教你如何做：

✓ 找到与你持相反态度的朋友来帮助你避免证实偏见。

✓ 阅读近期市场调研报告中详细的定性描述。

✓ 找到管理层的报告中被抛弃的异常值，找出值得仔细品味的宝贝。

第 3 周归纳小结

第 3 周的训练重点是评估与测试你的创新点子。希望你在这一周解决了以下四个问题：

（1）我对自己的点子的潜力有多大信心？

（2）什么是最关键的设想？

（3）我如何设计试验来了解这些设想的正确性？

（4）试验结果说明我的点子的潜力有多大？

更广义地说，请记住以下三个重要术语：

（1）交易终结者：一种假设，如果证明其是错误的，就表明你现行的策略是不可行的。

（2）发现驱动计划：一种想象成功、确定什么为真才能实现成功，以及围绕关键性设想做各种试验的方法。

（3）测试与学习：不管你有多聪明，你的第一份计划必然是有错误的——测试它，并学习如何做。

第 4 周

往前推进

如果你很尽职地完成了过去几周应该做的事情，那么你很有希望已经形成了一个坚定可行的点子，也通过了初期的测试。本周的训练会详细教你下一步要做的事情。首先，第 22—24 天会讲述你应如何通过努力将成功概率最大化。第 25—26 天重点讲公司领导们面对的挑战。第 27—28 天在结束创新训练课程的同时，告诉你如何确保以后持续地进步。

特别要指出的是，本周的课程会帮助你：

(1) 管理资源以助你取得最大进步；

(2) 决定你自己应做什么，别人能做什么；

(3) 建立一套避免你被卷入核心业务的机制；

(4) 建立一个培训计划来提升你的创新能力。

第22天

接受选择性紧缩

中心问题	一句话简答
我应该对创新投资多少?	接受选择性紧缩,即紧凑的时间表、单一的决策者和有限制的战略选择。

快速回答这个问题——为什么苹果公司前任首席执行官史蒂夫·乔布斯不是来自撒哈拉沙漠以南的非洲地区?对于这个问题的思考可以引发关于紧缩、丰裕、创新的有趣讨论。

大家通常都认为限制与创新容易成为朋友。毕竟柏拉图(Plato)说过一句话,后人又把它演变成一句格言——“需要是创新之母”。管他呢!我上一本书《创新者的应变》的核心主题之一,就是因衰退而产生的限制会有助于创新的萌生:“困难的经济时代会迫使创新者做他们本应该已经在做的事。”

大家也几乎都意识到丰裕会拖创新的后腿。我以前的同事布莱德利·甘比尔(Bradley Gambill)、詹姆斯·克莱顿(James Clayton)和道格拉斯·哈内德(Douglas Harned)合写过一篇很精彩的文章,并发表在《麦肯锡季刊》(*Mckinsey Quarterly*),对这个观点有很巧妙的总结,并起了个挺刺激的标题:《资金过多的魔咒》(*The Curse of Too Much Capital*)。文章指出,公司如果给创新提供太多的资金支持,经常会适得其反地毁了创新。

现在回到今天最初的那个问题。如果限制能释放创新而丰裕反而阻止创新,那为什么史蒂夫·乔布斯不是来自撒哈拉沙漠以南的非洲地区?为什么世界上最具创新能力的公司都掌握着丰富的资源?为什么最成功的初创企业大多来自最富有的国家?

当然,答案就是,如果你整天辛苦工作却只能确保养家糊口的话,你是很难去开发一个新的有增长潜力的业务的。丰裕必然会引发任性而失控——你不会挑选一位过度肥胖的人去赢得一场马拉松比赛吧。但同时紧缩也能让人放肆地横冲直撞——如果一位吃不饱饭的人去跑马拉松估计也够呛。

鼓励创新的最佳方法是接受选择性紧缩,具体做法就是在丰裕可能导致创新崩溃的三大要素上加上限制条件。

第一个限制条件是时间。一开始你唯一能确定的是你的第一个策略是错误的。如果你接受这样的前提,那么就要设置一个能阻止你往错误的方向走得太远的强迫功能键。风投即使不能每天与初创公司进行交流,但至少每周要有一次互动。他们希望帮助创业者搞清楚最新得到的数据并完成实时的战略决策。30 天或 45 天的审查期是合适的。任何超过这段时间的项目都是相当危险的,因为时间一长会导致团队反复思考,在该行动的时候还在埋头做分析,或者把事情做得过于复杂。策略是不能被设定日程的。而设定看似过于紧张的截止日期可以推动进展。

第二个限制条件与你的关注点相关。绝对不能做的事情就是把创新看成是无边无际的练习。如果被问到这样的问题:“你排除了些什么想法”,而回答是“没有”,那你的努力十之八九是没有成效的。如果让混乱占主导,那得到的也是……混乱。思考一下奇普·希思与丹·希思在《让创意更有黏性》一书中建议的思维试验。希思兄弟俩建议花 15 秒时间快速写下你所能想到的白色物体。然后,花 15 秒时间快速写下所有白色的且能在冰箱里找到的物体。如果你跟大多数人一样,会发现第二个有限制条件的任务比第一个没有任何限制的任务要简单很多。你应该很清楚成功的定义,以及可接受的和不可接受的策略。要确信不可接受的策略要比可接受的策略更多。你可能在想,这不是在束缚创新吗,但事实上你是在使创新成为可能,并诚实地列出最终会阻碍成功的事物。创见公司使用一种叫目标与界限的工具,帮助创新者明确什么特定的选择必须去除掉。

以上两个限制条件,即对时间与范围缩小的聚焦,对于你自己创业或是在一家大机构里创新都是有意义的。最后一个限制条件——决策者的人数——针对在公司内部工作的人。由委员会进行投票表决并非进行创新的最佳方法,因为要找一个点子的缺点总是比看到它的优点更容易些。我经历过的每一个项目,只要是有多个权益人的,其最终结果与要通过立法流程的很多草案是一样的。每个人都觉得可以接受,但没有人欢欣鼓舞。就像一句老话所说,“骆驼是委员会设计的马”。当然,很多公司会说他们公司是由一个决策者起决定作用的,但这样的情景很少发生。机构中几乎每个高级管理人员都会把很多的建议快速地付诸实施；而几乎每个中层管理人员听到高高在上的漫不经心发表的评论时都会跳起来。对于一个项目而言，需要制定严格的规划，确保只有一个声音，这才是重要的。有时候这个声音不一定来自有着“最高头衔”的人。

还有其他一些方面可使丰裕少惹些麻烦。如果你的时间计划得足够紧凑，金融资源自然会利用得井然有序。窗口足够小就很难吹走大笔钞票，单一决策者的谨慎监督有助于确保不会有太离谱的事情发生。当然，对大公司而言，在搞创新的时候太节俭也可谓匪夷所思。说到底，他们具有竞争优势的关键资源之一就是核心业务，因为它能带来充足的资金对创新进行投入。这些资源加上它对市场的独特认识，可以让公司做到创业者们所不能做到的事情。

我曾经一度对大团队感到头疼，因为我见过太多大团队陷入小狗追逐自己尾巴那样的团团转，这种现象甚至有一个很形象的专业名词——彭罗斯的懈怠（Penrosian slack）。然而，我得出的结论是，这种追着自己尾巴转圈的现象，其根本原因是缺乏对谁的声音更重要的清晰认识。如果你的团队有5个人，都顺从于不同的主管人，你得到的结果就是一个旋涡。如果你有50人，都清楚地知道谁的声音更重要，谁的声音可以不加理睬，你就增添了很多额外的力量，也不再会有旋涡。

选择性紧缩（或谨慎限制）可以成就创新：多余的热心只会削弱它。

锦囊教你如何做:

✓ 给自己 24 小时的时限完成 1 项任务,看看这种强制性聚焦会产生什么结果。

✓ 找出你的公司过去几年内最成功的创新案例。[①] 它们哪些方面是丰裕的? 哪些方面是紧缩的?

✓ 创建你或你的团队正在做的活动清单。找到每项活动的决策者是谁。一旦你发现决策者超过 5 个人,你就得承认你有问题需要解决了。

① 你可能注意到了,许多锦囊都是要教你如何分析利用关于创新努力的成功和失败的经验。照例,公司都应该在项目之后有一个回顾评估,总结一下某个项目做得好和不好的地方。

第 23 天

扩充你的资源

中心问题	一句话简答
我去哪里能找到创新资源？	合理使用外部资源，同时重新规划现有资源。

第 22 天的训练强调了选择性紧缩，当然你还是需要一些资源来驱动创新的。我在菲律宾参加一个研讨会时，曾有一位嘉宾提出了一个问题，表达了同样的意思："所有这些听上去都很棒，但我们并没有足够的资源来启动这件事。我们该怎么办？"

这是一个有共性且重要的问题。那时的我正受流行文化氛围的感染，所以我的回答是这样的："穹顶之下，僵尸之地，亲爱的，我把孩子们变小了。"

就算菲律宾听众对美国文化已经有所了解了，他们对这个回答还是比较迷惑。于是我进一步解释了一下。

《穹顶之下》（*Under the Dome*）是 2009 年恐怖作家史蒂芬·金（Stephen King）所作的一本书。这是一个虚构的故事，讲述了缅因州一个叫切斯特磨房的小镇突然被一个巨大的穹顶罩住而引发的民众恐慌。① 这个穹顶可以透过空气让镇上

① 这个故事的情节跟 2007 年出品的电影《辛普森一家》（*The Simpsons*）很像。不过，金显然是从 20 世纪 70 年代后期开始创作这部小说的。

的人们存活，但把其他的所有东西挡在了外面。

人们经常会像切斯特磨房小镇的居民那样希望贴近创新。他们总觉得应该亲自做所有的事情。但是最优秀的创新者总是寻找与外部资源连接的途径。冲破穹壁，在外面的世界里找到一些愿意来帮助你的人。

比如，思考一下霍华德·M. 史蒂芬森（Howard M. Stevenson）和约瑟-卡洛斯·加芮罗·摩西（Jose-Carlos Jarillo Mossi）的“R&R”案例，这个奇特的案例研究在哈佛商学院的企业家管理课程中使用了多年。哈佛商学院研究的大部分案例都是开放式的，没有固定答案，在最后总是以那些参与者凝望窗外思考着某些坚难的决择而告终，而这个特殊的案例讲述了一位叫鲍伯·雷斯（Bob Reiss）的创业者是如何抓住玩具产业的一个机遇的。

20 世纪 80 年代初期，雷斯看到棋盘游戏《猜谜大挑战》（*Trivial Pursuit*）在加拿大开始流行起来。他的行业经验（他在玩具行业工作多年）告诉他，把类似的游戏引进美国市场是个很好的机遇。他跟许多伙伴合作，快速地通过美国《电视指南》推出了一款棋盘游戏。[①] 如果你回顾一下这个案例，并且取出计算器，你就可以知道雷斯自掏腰包的 5 万美元投资在一年左右就变成了 220 万美元的奇迹，很酷吧！

这个案例是一个很棒的研讨会话题，因为只要花 15 分钟

① 年轻的读者们：美国的《电视指南》以前是个强大的媒体品牌，周发行量最高时曾达到近 2 000 万。这不是笔误。当然，后来是互联网改变了它。

的时间讨论一下，就能将风险与创新之间的关系作为一个简单而强有力的论点展现出来。我会问大家："那么雷斯做了些什么呢?"一般来说至少有一名参与者会回应："他什么也没干哪！他的合作伙伴包揽了所有的活。"而那恰恰是关键所在。雷斯找到了在这世界上最合适的人来处理他的业务的各个部分。人们经常会认为创业家们有意识地寻找风险，其实他们中的大部分人不是这样做的。相反，他们很聪明地管理风险。

有时候，创新者似乎觉得亲力亲为会更加保险。其实，最优秀的创新者会谦卑地认识到自己的不足之处。他们完全遵循着克里斯·基岭斯达(Chris Killingstad)的哲思，他是价值5亿美元的清洁设备与解决方案提供商坦能集团(Tennant)的首席执行官。他对公司员工们说："我们只做最擅长的，让合作伙伴们做其他的一切。"

你可以利用的资源不一定只在你的办公室、大楼或是部门里(如果你身处一家大企业的话)。如果你能用正确的角度看待问题，那么整个世界都可以成为你餐盘中的牡蛎。

冲破穹壁，你就能拓展资源。而下面提供的两个案例为你提供参考，帮助你把资源用在刀刃上。

《僵尸之地》(*Zombieland*)是2009年上映的一部充满暴力和血腥却极具娱乐性的电影，主演是杰西·艾森娜(Jesse Eisenerg)、伍迪·哈里尔森(Woody Harrelson)、爱玛·斯通(Emma Stone)和阿比盖尔·布莱斯灵(Abigail Breslin)，比尔·默瑞(Bill Murray)友情出演。我在向菲律宾的听众们提及这部电影时，并没有想到它的情节，我关注的是那些僵尸——行尸走肉。[1] 如果你仔细研究过自己公司的创新方式，你会惊讶地发现很多僵尸项目。也就是说，这些项目其实再做下去也没有什么希望了，有一些已经被正式终止了，但它们却一直僵持在那里。很多个人也有与这种僵尸项目类似的问题。问问自己，你的清单上要做的事情中有多少是真正重要的。时间管理专家们会将原因归结为，你可能一直忙于应付太多看上去紧急但其实并没有那么重要的事务。所以，你需要减掉清单上大约 30%的事情，这些事情就像那些曳脚而行的僵尸。

如果你是一家大企业的高管，那么你就要寻找那些僵尸部门或者僵尸生产线。创新大师理查德·佛斯特的研究表明，那些市场上的佼佼者不仅善于创建新的业务，也很懂得关闭或剥离旧的业务。比如，20 世纪 80 年代初期，宝洁公司还是一家不大起眼的消费品经销商。30 年后，它拥有了强大的美容产品生产线，如玉兰油、潘婷、威娜、封面女郎等品牌，还有价值数十亿美元的香水生产线，为包括 Hugo Boss 和杜嘉班纳(D&G)在内的高端时尚品牌生产香水产品。这种成功转型不仅因为该公司拥有健康的创新制度，还因为果断卖掉或关闭了一些持久畅销的产品生产线，比如吉夫牌花生酱、品客薯片、科瑞白油、福爵咖啡、Spic&Span 家用吸尘器等。

---

① 大部分僵尸电影都是关于苍白面孔的僵尸对社会造成有害的影响。我最喜欢的关于僵尸的书参见：麦克斯·布鲁克斯(Max Brooks)，《第 Z 次世界大战：僵尸战争的口述历史》(*World War Z: An Oral History of the Zombie War*)，纽约：皇冠出版集团，2006 年。我最喜欢的僵尸电影是《惊变 28 天》(*28 Days Later*)。

“亲爱的，我把孩子们变小了。”这句话在我的记忆里留下痕迹，主要是因为我是艾米·奥奈尔（Amy O'Neil）的一个影迷，她在影片中饰演了被里克·莫拉尼斯（Rick Moranis）扮演的粗心科学家变小的几位青少年之一。这句话形象地暗喻了寻找创新资源的第二种方法——把非僵尸级项目的团队裁员30%—50%。为什么？小团队总是比大团队行动更快。运行良好且拥有一位灵魂人物的大团队也可以很厉害，但这毕竟是少数。大部分的公司拥有的都是过于庞大的项目队伍。

努力减少团队人数，可以帮你把精力与财力资源更专注于最有潜力、最接近行业转折点或更新的原创想法。用这种方法当然不可能神奇地创造出更多的资源——你所做的是确保通过合理的组织将你的资源利用率最大化。

有一个方面你是绝不能妥协的——就是拥有一位全职的项目主管人。对一个项目来说，有价值的贡献可以来自一位兼职人员。对于紧贴公司核心流程或商业模式的项目来说，重要的角色也可以由兼职人员担任。但是由兼职人员来创建新的业务是行不通的。有太多的挑战需要全身心地去面对。记住，大多数的初创业务都失败了，只有勤勉、每时每刻都全神贯注的团队才可能成功。有些事情就是需要花时间与全身心的投入才能完成的。有句老话说得好，“9 个女人花 1 个月是生不出孩子的”。

突然之间，资源看起来也不算什么大问题了，对吗？逃离穹顶，杀死僵尸，缩小团队，你就可以顺利前行了！

锦囊教你如何做：

✓ 列1份清单，把你自己正在做的事情写下来。里面有没有“僵尸”？

✓ 把你的公司正在进行的所有创新项目列出来，包括那些并不在正式计划里却占用大家时间的项目。

✓ 写下3件你自己正在做，但如果交给外部专家去做会更快速、更便宜或者更高效的事情。

第24天

挣脱“核心的吸食之声”

中心问题	一句话简答
我如何能挣脱“核心的吸食之声”？	积极的领导、全新的声音、安全的区域以及巧借精华，有助于创新者挣脱“核心的吸食之声”。

1990年盖里·哈默尔（Gary Hamel）和C. K. 普拉哈拉德（C. K. Prahalad）所撰写的发表于《哈佛商业评论》的文章《公司的核心竞争力》（*Core Competence of the Corporation*），介绍了一个最近50年来最强有力又最危险的管理理念。这个理念之所以强有力，是因为它已帮助数百家公司非常清楚地认识到它们能做什么使自己具有独特性。它之所以危险，是因为一家公司越专注于它所认为的核心竞争力，被卷入“核心的吸食之声”的风险就越大。

我将我的祖父位列创新的拉什莫尔山上，是为了提醒大家不要忘记企业能力的复式记账理念。记住，每个企业的能力中都有对应的缺陷。因此一定要记得创新大师维贾伊·戈文达拉扬的建议，忘记自己的一些核心能力，并学习新的能力。

你越是成功，“核心的吸食之声”就越强。打个简单的比方，想一想你在学习一种新的语言时发生的情况。我的家人和我一起搬到新加坡时，我4岁的儿子开始每天下午学习1

个小时的情景汉语。他学得很快，因为他不受复杂的语法规则的干扰。而对于我来说，要像他那样学习就难得多了，因为我总是受到影响我一辈子的英语语法的束缚。[①]

要摆脱“核心的吸食之声”是非常困难的，但也是有可能的。一个很棒的例子就是道康宁公司的 Xiameter 网站。

我很喜欢这个案例，因为这个故事还未广为人知，尽管它在创见公司的作者撰写的很多著作中都已经被提及（描述最详细的要数《捕捉空白点》一书）。而且，这个案例非常生动地说明了如何摆脱“核心的吸食之声”。

道康宁公司可以说是美国中西部地区的缩影。公司的员工都非常聪明，总是很有礼貌，对生产与销售有机硅产品充满激情。这些产品有着成千上万种应用，从个人护理产品如洗发水到航天飞机的密封剂。在密歇根州的米德兰市（Midland, Michigan），道康宁公司是当地三大支柱企业之一，其余两家分别是陶氏化学公司（The Dow Chemical Company）和化学银行（Chemical Bank），在城市发展中起着至关重要的作用。

21 世纪初，道康宁公司看到了一个让许多西方企业的执行官睡不着觉的威胁——中国竞争者的大宗货品商业化战略。公司发觉自己正在失去其低端产品的市场份额。按照以往的做法，公司会派研发人员为客户定制满足它们特定需求

① 更糟的是，语言就不是我的强项。我学习西班牙语长达 15 年之久，如今我也只会用西班牙语说“请给我来杯啤酒”和“厕所在哪里”。毫无疑问，这些用语是有用的，但是 15 年的学习只有这样的成绩是很可怜的。

的硅产品。尽管公司的规模足以将其成本控制得比较低，但是它的基本运行模式涉及的管理费用，使其在纯粹以价格优势来竞争的对手面前显得没有竞争力。

值得称赞的是，道康宁公司及时发觉了这一威胁。同时它也认识到，要应对这种威胁，就需要把组织上和商业模式上的创新有效地结合起来。公司组成了一个团队，由当时的管理者冬·谢兹(Don Sheets)领导。团队的目标就是要找到一种方法，将价格战的威胁反转为增长机遇。

本质上讲，谢兹和他的团队所开发的模式包含一个新的销售渠道。放弃以前那种直接的、为顾客作参考的、需要高薪聘请科研人员的销售流程，取而代之的是利用 Xiameter 网站，让客户在线订购化学品。顾客只能订购库存数量较大的产品，而不是可以无限量购买。也没有复杂的讨价还价，Xiameter 网站给出的价格要低于市场价。对于道康宁公司来说，这个业务在商业上取得了巨大的成功，迅速收回了最初的资本投入，并帮助公司的低端与高端业务都得以增长。

通过回顾这个案例，我们可以总结出帮助团队抵抗“核心的吸食之声”的四个因素：

(1) 积极的高层领导：谢兹后来升职为道康宁的首席财务官。上述项目是由道康宁公司时任首席执行官的盖里·安德森(Gary Anderson)发起的。2004 年，史蒂芬妮·伯恩斯(Stephanie Burns)接手安德森的位置后也积极支持了这个项目。

(2) 不做怀疑者：谢兹挑选了一组特别的团队成员，他们不怕做与众不同的事情。他招募道康宁员工到这个团队来的方法也很有趣。一看到有潜力做成这个事情的人，他当场就向此人提出聘请。而接受的人就有像脸书公司的首席执行官马克·扎克伯格的格言所讲的“行动迅速，勇于突破”的能力。①

(3)“安全区”：道康宁有意识地将 Xiameter 项目与核心业务分开，让它能“忘记”道康宁核心能力的关键元素。

(4)巧借核心业务中的精华：Xiameter 有着新的标识、销售渠道、订单流程等。但它利用了核心业务所使用的企业计划体系，因为团队发现这套体系中嵌入的规则对其业务模式很适用。团队遵照戈文达拉扬关于借鉴的建议——与其设法节约成本，不如寻找能提供竞争优势的方法。

最后一点值得反复强调。他们没有绞尽脑汁去节约成本，而是寻找能提供竞争优势的方法。能力是一把双刃剑。每一个企业都有对应的负债。没有什么东西是免费的。借用核心品牌，意味着听从存在于品牌周围的某种指导。而从核心业务中借鉴金融工具，则意味着采用隐藏在模式背后的含蓄的假设。

我见过“核心的吸食之声”让数个很有前景的发展方案因脱离发展轨道而告终。然而，正确的领导力能起到作用，可以

① 我确定你们中有些人会想：“那不是意味着谢兹受到逆向选择思维的不利影响，当场就能答应的人可能并不是非常优秀的？”请你从另一个角度看待这件事。可能最适合这份工作的人在核心业务中并不得心应手，因为他们喜欢更有创新性的事情。

让商业冒险冲破藩篱，从而释放它固有的潜力。

锦囊教你如何做：

✓ 创建 1 份详细的蓝图，标出你应该借鉴的和你绝对必须忘记的核心能力。

✓ 找出历史上 2 件因屈从于“核心的吸食之声”而导致影响力衰退的工作，想一想它们本来能取得的成就。

第25天

处理分界面

中心问题	一句话简答
我如何处理新业务与核心业务之间的分界面?	利用一些技巧来确保你不会又偶然想起你努力要忘记的。

本周头3天的内容应该对所有的读者都是有用的,而第25—26天的内容则更针对大企业面临的一些特定的挑战。希望这些内容对个人创新者来说也有所裨益。

“核心的吸食之声”具有一股强大的力量。它能抓获那些很有成功潜力的新发展方案,然后慢慢地将其转型为与核心业务极为相似的东西。这样的结果很少与预期成果相符,一般都是令人失望的。罗伯特·A.古思于2009年发表在《华尔街日报》上的文章《微软数次努力想要击败谷歌却次次落空》(*Microsoft Bid to Beat Google Builds on a History of Misses*)就给出了一个极好的例子,详细描述了尽管微软拥有创建谷歌的所有可能,却把这个机会搞砸了。

首先,对谷歌做一个简单介绍。大部分人认为谷歌是一家技术公司,而它真正的魔力是它的商业模式。它让企业们可以“购买”关键词,使得我们在搜索一个词组时,会看到和这个词组绑定的广告。企业只在有人点击观看这个广告时才需要付钱。谷歌有一个动态的系统,可以根据需求的变化实时决定关键词的价格。这个广告程序的名称是 AdWords,它才是谷歌支配市场的驱动力。

后来我们知道,微软早在 21 世纪初就开始创建一个类似的方案。这些努力并不是被某个人扼杀的,而是一系列精微的决策导致微软失去了这个机遇。比如,微软想要在 MSN 的门户网站上测试基于搜索的广告业务,但是网站的管理层担心这样的广告会让用户不再去看网站页面的横幅广告,而这些广告正给网站带来丰厚的收入,所以他们让用户很难找到搜索结果。令人失望的测试结果是让微软最终放弃这个机遇的原因之一。

为了避免这样的陷阱,需要仔细考虑如何处理核心业务与新业务之间的分界面。当然,最简单的方式是将新业务完全剥离出去,使其成为一个独立的实体,这样就没有核心业务与新业务之间的分界面之说了。百货零售商代顿·哈德森公司(Dayton Hudson)在 20 世纪 60 年代之初就曾用过这样的方式。当时他们正在建立一个被分离出去的子公司,开拓新兴的折扣零售业。那个子公司叫目标(Target),现在反而代表了哈德森的主营业务。剥离出去一个新的业务的确给了这个业务自由空间去朝它想要的方向发展,但是也限制了它从核心业务的技术能力和其他资产中获得的益处。

除了剥离出去,还有三种机制可以帮助你处理核心业务与新业务之间的分界面。

第一,建立一个特定的机制来管理可能发生的冲突点。

比如，早在 2003 年，思科系统就以 5 亿美元的价格收购了领势(Linksys)。思科系统进行这次收购的一个明显的理由就是获得领势的商业模式。思科系统以前的强项是在企业市场方面。它之前的商业模式最关键的核心就是对研发进行高投入以及直销团队。它的毛利润率达到 70%左右。而领势几乎没有任何研发投入，产品卖给百思买这类大的零售商。它的平均利润率约为 40%。

思科担心会不小心破坏领势的这些独特之处。比如，如果领势使用思科缜密的战略计划流程，那么并购后的公司就应开始采取适合思科现有模式的决策规则。为了避免发生这种问题，思科委派了一组“阻隔者”来保护思科与其新部门之间的分界面。这个方法有助于降低无意间造成的交叉影响。

同样的，在创见公司于 2007 年组织的一次首席执行官聚会上，时任百思买首席执行官的布拉德·安德森(Brad Anderson)解释了他为基于能力的收购行为制订的黄金法则。他讲述了百思买如何运用管理，通过小量资金收购(低于 1 000 万美元的价格)当地的一家“电脑特工”(Geek Squad)电脑维修公司，并将其最终发展成为市值 10 亿美元的服务供应商的故事：“一开始，我们就认为是电脑特工收购了百思买，而不是反过来。”这条黄金法则就意味着电脑特工可以向百思买索要它想要的任何东西，而百思买反过来不会向它索要任何东西。

第二，引进外部人才。在线视频网站 Hulu 是难得的由传统媒体支持的初创企业，其主要投资者包括迪斯尼(Disney)、新闻集团(News Corp)和美国国家广播环球公司(NBC Universal),创立了发展良好、不断增值、具有颠覆性的业务。Hulu的母公司做了一件极为正确的事情,就是聘用了杰森·奇勒(Jason Kilar),此人在亚马逊工作期间,对在线领域已有丰富的经验。外部人士可以发现内部人士会忽略的对抗力,而且外部人士可以更为激进地应对这样的对抗。

更为普遍的是,外部人士会有意识地去抵抗"核心的吸食之声"。本书中第13天的训练曾描述过,亚马逊公司在过去10年中几乎毫不费力地引入了一系列的创新业务模式。在创见公司对杰夫·贝佐斯(Jeff Bezos)所做的一次访谈中,他就简洁地阐述了自己对于创新的观点:"如果你真的希望持续地为客户提供有生命力的服务,你就不能只问一个问题:'我们擅长什么?'你必须还要问:'我们的客户需要与渴望什么?'不管有多难,你也要擅长做那些他们想要的事情。"

最后一种方法是明确谁对什么特定的环节有决定权。很多跨国企业的结构就像是复杂的矩阵,每个区域(如东南亚)、功能(如市场营销)以及生产线都有特定的权益负责人。这种方式有运行上的好处,但时常会对创新努力造成压力。创新要整合这个大矩阵的每一部分,导致决策非常缓慢。更为关键的是,并不是每一位负责人都对新业务的独特需求与机遇非常熟悉。由于不了解情况,那些负责人经常会生搬硬套以前的做法,甚至都不知道自己在做什么。

明确决策权可以应对这样的挑战。列出创新探险中包含的所有环节,比如市场营销、分销、生产与售后支持等。确定每个环节中谁对关键问题有最终的决定权。应该有且只有一个人有决定权。然后再列出所有可以自由地发表意见但没有决定权的人。告知这些人他们的角色是什么。一般来说,这种做法会使分界面很清晰,不然会有许多发表意见的人认为他们所说的就是命令。

处理分界面是企业创新者面临的最难应付的挑战之一。早点花时间来梳理这个问题,不然你就会感受到“核心的吸食之声”的强大力量。

锦囊教你如何做:

✓ 列出你的业务涉及的所有环节。找出 3 个会与核心业务产生对抗的环节。

✓ 研究一下你公司以前为发展而做的但最终失败的案例。评价一下,如果运用今天课程中介绍的方法,这些努力是否会取得成功。

第26天

奖励行动，而非结果

中心问题	一句话简答
我如何激发与奖励创新？	把奖励创新结果转换为奖励正确的行动，哪怕其结果并不成功。

几年前，一家媒体公司找到我们。这家公司已经经历了连续15年的飞速发展，但是现在增长开始放缓。于是他们想要建立一个新的“增长发动机”。做法包括组织一个小团队开拓新的市场空间。这个团队直接向首席执行官汇报，预算高达数百万美元。

公司委任了一位思维活跃的经理来掌管这个“增长发动机”。在此后的18个月里，这位经理和她的团队仔细研究了数个市场，并挑选了10个新的机遇进行中试。每笔风险业务都得到一笔小额的种子基金去测试其关键性设想。大部分的中试项目都坚持不到6个月就停止了，只有2个项目虽然近期的营业收入还很少，但经证明有巨大的发展潜力。更赞的是，公司提高了快速低成本地研究新的业务机遇的能力。

那么这位“增长发动机”负责人干得怎么样？

在回答这个问题之前，设想一下你在拉斯维加斯碰到了查理·凯福(Charlie Careful)和荷丽·亨驰(Holly Hunch)这两位 21 点玩家。你在看查理与荷丽玩两手牌。不可思议的是他们拿到的是完全相同的牌。他们决定每一手下注 50 美元。图 8－1 就展示了他们的做法。

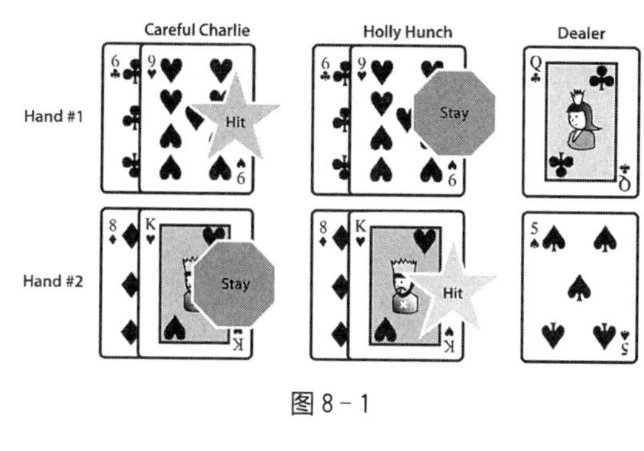

图 8－1

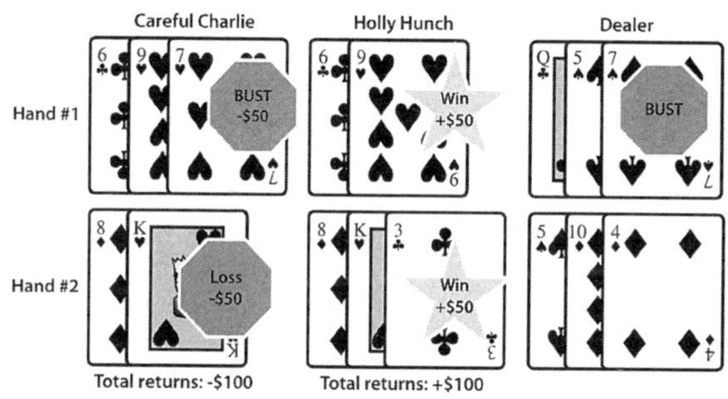

图 8－2

假定你现在口袋里有 1 000 美元，可以在接下来的几个小时里资助其中的一位玩家。你会选谁？

在你回答之前，我们先看看刚才的游戏结果（图 8－2）。谁能拿到你的 1 000 美元？

如果你看到结果，你会选荷丽。她相信自己的直觉，大胆叫牌，最终赚了 100 美元。她真的是非常幸运，她的两个选择

的预期值是 −58 美元；而查理的选择的预期值是 −15 美元。[①] 查理似乎是遵循了正确的决策流程。假设他做的决定是基于对 21 点这个游戏的正确理解，那他才是你的 1 000 美元的更好的投资对象。

好吧，那么这位没有取得显著商业成功的“增长发动机”项目负责人到底干得怎么样？答案是“当然得视情况而定”。

如果评价的标准是“这位经理的行为是否符合将创新引向成功的方向”，这位经理会得到很多积极的评价。她遵循了这本书里介绍的很多做法。她低成本、高效率地测试了几个创新点子，开发了一系列有趣的业务，并且对数个市场都做了深入的了解。

公司的管理层显然不这么认为——2009 年的一个星期五，公司撤掉了这个团队，解雇了这位经理。原因是什么？因为管理层用的评价标准是“这位‘增长发动机’负责人交付了什么可见的结果？”

大多数在企业工作的人可能不会对这个结果感到惊讶。几乎每个人都知道，要想升职或是拿个大红包，最好的方式就是交出令人满意的数字。这个方式当然在一些情况下是行得

---

① 网络真的是无所不能。你可以参见：赔率术士(Wizards of Odds)网站，《21 点：每一局的期望回报》，2010 年 5 月 31 日，http：//wizardofodds.com/blackjack/appendix1.html。下注 50 美元，第一手之后玩家继续拿牌或决定不拿牌，两者的期望回报值是不一样的：如果手里有 15 点，庄家有 10 点，玩家如果不拿牌则平均会输 27.02 美元，如果拿则平均会输 27.20 美元。第二手如果玩家有 18 点而庄家的牌是 5 点，玩家如果不拿牌则期望会赢 9.98 美元，如果拿则会输 30.77 美元。

通的。在一个运营稳定、方向清晰的市场里，对于一个掌管成熟业务的经理来说，如果因为工作结果令人失望而应该受到惩罚，没人会诟病。就像我们用可量化的结果去判断一个在做常规工作的工人的表现一样。

但是风险是创新固有的本质，这就意味着企业不应该用他们奖励核心业务表现的办法来奖励创新努力：一个创新团队有可能做了所有对的事情但仍然失败，或是做了很多错事却成功了。更糟的是要记住，一读到创新，就要懂得感知失败是取得最终成功的重要一步。20 世纪 80 年代中期的一项开创性研究发现，许多新产品的“失败”都是未来成功的重要里程碑。典型情况下，有价值的洞见来自对于技术可行性的直接反馈和消费者对产品特征与价格的接受程度，以及如何锁定新的消费者群体和地域市场。

再抬头看一看创新的拉什莫尔山上托马斯·爱迪生的脸庞。记住他做了近千个实验才找到了适合白炽灯的灯丝。但近千次的失败并没有阻止爱迪生的努力。他说：“我获得了很多知识，我现在知道有 1 000 种东西是不能用的。”很自然，如果惩罚那些善于思考风险的人，那么这些思维活跃的经理们势必会打安全牌，以确保他们有更长久的职业生涯。

这不仅是一个企业会存在的问题。想一想出名迅速的贝利奇克所犯的错误。它讲的是 2009 年 11 月的一个星期天晚上，新英格兰爱国者队（New England Patriots）主教练比尔·贝利奇克（Bill Belichick）在比赛中做出的一个决定。爱国者队当时领先印第安纳波利斯小马队（Indianapolis Colts）6 分。

离比赛结束还有 2 分钟。现在是第 4 次进攻。爱国者队的球在他们自己的 28 码线处,离第 1 次进攻线只差 2 码就可以完胜了。

保守的做法是踢凌空球,但是贝利奇克决定放手一搏。爱国者队没有能够跑到第一次进攻线的位置而触地得分,然后印第安纳波利斯小马队拿到了球,冲进达阵区,令人震惊地赢得了比赛。

尽管评论员们对贝利奇克一片叱责声,但统计数据表明,其实贝利奇克这样做增加了爱国者队赢得比赛的概率。

贝利奇克对这样的评论风暴一向有很强的抵抗能力,但如果是其他的教练就会对今后要不要冒这样的"风险"迟疑不决。一项研究表明,专业教练的决策平均每年会让他的球队失去一场胜利。[①] 这对于一年共 16 场比赛来说算是很高的比例了!

企业想要成为世界级的创新者,就得改变在很多公司无处不在、习以为常的正统性。应该停止只奖励结果的做法,而开启奖励行动的思维模式。

一个来自质量运动论的比喻可以帮助进一步阐明这一点。企业以前都是花费相当多的时间与金钱在生产流程的末端执行质量控制。他们认为这个流程是天生无法预测的,所以他们所能做的就是在其发生后找出错误并进行修复。这种

---

① 我是从麦克尔·莫布森(Michael Mauboussin)的《反直觉思考》(*Think Twice*)一书中了解到这些的。参见:猪皮革命(Pigskin Revolution)网站,《常见问题》,www.pigskinrevolution.com/aboutus.html。

做法代价高且浪费时间。质量运动论指出应将注意力集中在正确的地方,也就是流程的开端而不是末端。如果流程以正确的方式建立,那么结果是可以很精确地预测到的。

同样的,不要只看创新流程的末端(结果),而要看输入这个流程的内容(行动)。看看你的经理们有没有遵循一位成功的企业内创业家的做法,即熟练地整合创业法则,并在企业内部找到所有相关的资源。

此外,要找到方法鼓励从失败中吸取教训。比如,贝森玛风投(Bessemer Venture Partners)的网站上就详细记录了它的"反面档案"——贝森玛错失的所有有前途的交易。曾经有一个机遇是"上市前估价 6 000 万美元的次级股票交易",当时贝森玛管理层认为"贵得令人发指"。[①] 30 年后,这家公司——苹果——市值高达 3 000 亿美元。贝森玛风投的坦诚让人耳目一新,它在网站上的声明也很谦卑:"贝森玛风投也许是这个国家成立最早的风投公司,1911 年就开始从事风险资金的投资业务。这段悠久且充满了故事的历史为我们公司提供了一个旁人无法企及的机会,就是把机会完全搞砸。"同样,梅奥诊所(Mayo Clinik)——也许是世界上声望最高的医疗机构——颁发一个"不安的鹰"奖给那些执行考虑周详的风险计划但最终失败的员工。

尽管人们现在对于创新的理解要比 30 年前好很多,但仍

① 参见:贝森玛风投档案,《反面档案》,www. bvp. com/Portfolio/AntiPortfolio. aspx。

然有大量的风险存在。每个人应该认识到失败是他们成长过程中的重要部分,而企业则应该愉快地接受考虑周详的风险计划。

锦囊教你如何做:

✓ 追溯你的企业内部 3 个成功的创新努力的“血统”。找出曾经的失败,即“通向成功的跳板”。

✓ 在 30 天内写 1 封邮件,重点表扬 1 位冒了风险但没有取得成功的员工。

第27天

快速取得赢利

中心问题	一句话简答
我如何创造动力?	快速取得一些赢利，确保午夜钟声响起时所有的努力都不会被抹杀。

2010年初，我和几位创见的同事一起与考林·瓦兹(Colin Watts)会面，他是沃尔格林——美国一家价值650亿美元的药品连锁销售企业的首席创新官。他团队的主要任务就是在沃尔格林全美布局连锁店的基本发展战略之外找到新的增长途径。在面谈期间，我们听着瓦兹介绍了他们团队的一些尝试，听着听着我觉着太熟悉了，不得不打断他并告诉他:“让我来告诉你这个团队可能会被怎样撤掉。”

几年前创见公司为一家金融服务企业提供服务，我们与这家企业的初创团队共事。这家企业于18个月之前建立了这个团队，在这18个月里，这个团队取得了不少成果，推动了多次创新讨论会，还为一些好的发展想法找到了投资机会。

我们开始帮助这个团队进一步发展那几个创新想法，并制订可以将创新渗透到整个公司的结构改革计划。这些想法持续地表现出发展潜力，我们有理由估计再经过几年它们可以为企业贡献20多亿营业额。

然而，2008年1月的一个星期一，我收到了我们主要的客户联系人的邮件："我们今天下午被炒鱿鱼了。团队的其他成员明天也会被解散。我们的老板'有不同的战略考量'。"

乍一看，这一切好像很荒唐。毕竟花两年时间能发展出这个庞大的计划真的是很了不起的成就。

这个团队的问题其实很简单。虽然团队培植了很好的想法，发展潜力巨大，但是他们没有对近期的业务产生作用。当这家金融服务公司看到它的基础业务正面临急迫的困难时，把创新团队砍掉是理所当然的。①

用金融术语来说，就是公司管理层发现该团队对未来的折价率及不确定投资额太大。简单来讲，就是管理层觉得今天手里的钱比未来的钱更重要。

创新大师克莱顿·克里斯坦森把这种理念称为"滴答的钟"。你从不知道时钟到底走得有多快，或者闹钟设在什么时间，但有一点可以肯定，那就是在某一刻闹钟会响。在故事里，钟声总是在半夜响起。如果那个时刻来临时，你所拥有的还只是潜力，那你只能开始润色你的简历了。

瓦兹是个聪明人，他立即明白了我讲这个故事的潜台词。他问："那我得快点取得一些赢利，对吗?"我们进一步讨论了这个问题，我们认为从战略上讲，要将一部分资源重新调整一下，从一个激动人心却非常不确定的项目上转移到可以马上

① 不，我不会在这里给出具体的名字。我只能说这不是一家需要接受紧急救助资金的公司。2008—2009年，这家公司的业绩其实还不错。

产生结果并使核心业务受益的事情上来。瓦兹挑选了一个公司一直要做但10年未动的项目。执行这个项目可以在午夜钟声响起时，用产出的有力证据保护瓦兹，证明这个“创新团队”的存在对公司是有积极意义的。

如果你是一家企业的创新负责人，那想一想如何加快进程，取得一些在董事会上拿得出手的筹码。有没有一个项目是这个机构的某些部门一直都想做的？有没有一个大家都认可的，本来势在必行但后来又被搁置的战略计划？你可否在你实施的诸多项目中挑出一个并加快推到市场？你能不能跟其他企业达成一个小的交易，做一些尽可能容易的事情，比如共同为一个产品或服务建立品牌？如果你正在凭借个人的努力创业，那么能不能在30天内完成一件事情来树立你自己的信心？

这些努力不大可能会帮助你或你的机构荣登《华尔街日报》的封面或是TechCrunch网站的头条。但它们可以提供“空中掩护”，支持你朝着更广阔的方向进行努力，并为进一步投资的长远价值建立信心。

锦囊教你如何做：

✓ 找出1个能在6个月内有成果，让核心业务的管理层认为是有积极意义的创新努力的方向。

✓ 找出1个30天的里程碑，以证明进一步投资的价值。

✓ 对几位核心业务的高管做1次调研，问问他们晚上睡不着觉一直在考虑什么，找出潜在的“快速赢利”机遇。

第28天 熟能生巧

中心问题	一句话简答
我如何能系统地、更好地进行创新？	你必须置身于不断练习核心创新技能的环境中。

创新是一门学科。个人可以变得更擅长创新，企业可以将创新系统化。最后这一天的课程就是讲述如何加强你的创新能力。

在第4章中讲述创新致命伤之欲望时，详述了威利·史提醒我们要当心“明亮、闪光的目标问题”。那一天威利还教了我们重要一课。他让我们列出创见公司正在执行的重要计划。然后他又让我们另外分别列出创见正在执行的重要计划以及我们个人正在做的工作。[①] 有一些所谓的重要计划没有出现在我们自己的工作清单里。

“你在哪些事情上花时间就反映了你对什么优先考虑。”

① 萨斯曼女士(Ms. Sussman)是我上8年级时的英语老师，她会因为我在句末用了一个介词而伤心。不过我会告诉萨斯曼女士，据说温斯顿·丘吉尔(Winston Churchill)看到自己写的句子因为句末用了介词而被别人修改掉时曾写下这句话：“我不会容忍这样愚蠢的行为”。好像每个场合都会有一个丘吉尔式的故事(我并不清楚这个故事是否真实)；参见：保罗·布莱恩(Paul Brians)，《用介词作为句子的结尾》，载《英语用法的常见错误》，http：//public. wsu. edu/～brians/errors/errors. txt。

史告诉我们。

记住，创新是一种技能。正如其他技能一样，你练习得越多，你的技能就越强。如果创新对你个人、你的部门、你的团队或你的公司是非常重要的，那你就得多花时间练习，让自己更擅长。

最好的创新者都是训练出来的。这种训练中的很大一部分是潜意识的。我们都读过“接力式企业家”的故事，他们可以自由地从一个机会跳到另一个机会。他们一路向前，一直在学习什么是行得通的，什么是行不通的。我常告诉我的咨询团队，我们做的每一个项目都应该是我们绝对最佳的项目，因为我们可以吸收积累的知识，这是我们之前的团队所得不到的。

训练也可以是有意识的，尤其是要寻找机会把自己置身于能迫使你练习核心的创新技能的环境之中。

让我们来看一下弗莱德·布拉什雷(Fred Brushley)的例子。[①] 2005 年，我第一次碰到布拉什雷，他当时在一家很大的跨国企业里任职，是一名精明能干的中层管理者。他在公司里有两个主要职责，既管理企业的一条核心生产线，又在企业的一个大业务板块领导新业务创建活动。他和他的小团队负责识别、发展新的想法，不让它们埋没于组织的缝隙中。

每天，布拉什雷都要敦促他管理的团队要变得更有企业

① 弗莱德·布拉什雷是假名，我稍稍修改了一下故事以保护主人公，他有点担心他的公司会对他的创业实验有意见。

家精神，更具创新性。他对自己说："我先得自己像一个企业家，才能给别人作榜样。"于是他和他的兄弟搞起了小副业——在网上开了家私人旅行社，提供加利福尼亚葡萄酒区体验式旅游的一条龙服务。布拉什雷确定外边做的小生意不会影响他的"日常工作"，而且这个经验让他对发展与创新所带来的共同挑战有了直接的体会，让他对同事能给出更有说服力的建议。

你不必开创一个新的业务去体验什么是创业精神。仅在美国就有近 1 000 万人是给自己当老板的。找一位这样的朋友或家人，你不可能了解不到他或她正在面临的挑战。比如，我就通过观察而不用太多的参与就了解到我姐姐创业过程中的大量情况。

当然，练习创新的最好方法之一是尝试着教会某人一个理念。仔细倾听"学生"的问题。好问题会帮助你用不同的方式解释理念，并且寻找或研究相关的案例。我估计我的博客文章有一半是为回答演讲或研讨会上听众的问题而写作的。

尽可能多地阅读。寻找描述新产品发布或是战略转移的故事，运用本书中介绍的一些方法进行分析，可以帮助你提高洞察力。粗略记下这些模式让你产生的一些想法。这是另一种培养创新能力的方法。同样的，考虑组成一个午餐（或虚拟）讨论组，与你的同事一起讨论相关的创新论题。花点时间讨论最新的初创企业热点。进行一次林肯-道格拉斯式(Lincoln-Douglas)的辩论，分成甲乙两方辩论一下企业为什么会成功或企业为什么会失败。

渴望更多建议的人可以学习一下杰弗里·戴尔和哈尔·格雷格森的研究。这两位教授多年来致力于创新者基因解码研究。他们的研究与文章给出了很多务实的建议，教人们如何成为更好的创新者。我最喜欢的一条建议是："有意识地让你的生活复杂化。"比如，看一本你不熟悉的领域的杂志，或者参观一个与你的工作看似毫不相关的贸易展览，时常强迫自己寻找新体验与现在所面临挑战之间的交集。教授们还引用其他研究表明，长期生活在外国的人为什么会是更好的创新者。任何形式的海外工作都具挑战性，同时也能得到通常体验不到的刺激。

这本书提出的一些建议听起来可能会令人却步，因为它们涉及重塑你的日常生活并寻求新的体验。但是没有持续不断的工作，你就不可能精通任何事情。

锦囊教你如何做：

✓ 列出你认识的所有个体经营者，或是在 1 家不到 10 人的公司里工作的人。发邮件问问他们要不要免费的建议。

✓ 从报纸或杂志上剪下 2 个故事，利用本周讲述的理论，找出这 2 个故事背后隐藏的含义。

✓ 创建 30 天创新训练计划表。

第 4 周归纳小结

第 4 周的训练重点是如何将你的创新之旅向前推进。现在你应该能回答以下四个问题了：

(1) 我如何利用选择性紧缩和外部资源来加快创新?

(2) 我应该借鉴什么,忘掉什么?

(3) 我如何才能打破“核心的吸食之声”?

(4) 我如何才能提高创新能力?

更广义地说,请记住以下三个重要术语:

(1) 选择性紧缩:有意识地施加限制可以使创新成为可能。

(2) 核心的吸食之声:如果不提防,企业的核心业务或是你的核心技能会无意识地限制一个想法的潜力。

(3) 行动,而非结果:创新的不确定性特质意味着奖励应该更关注创新者的行动,而非他们取得的结果。

结论

创新者誓言

如果你已经学习了28天创新课程，或者已经懂得了课程背后的理念，现在你已经开始伸展手脚，挣脱了现状对你的束缚。你正要将这种束缚彻底打破，成为一名羽翼丰满的创新者。表C-1简单地提醒你课程各阶段的主要内容。

为了加强这些课程的效果，请作一个创新者宣誓；下面的一段文字改编自《独立宣言》，以及我与拉克斯曼小学(Luxmanor Elementary School)安全巡逻员每天必背的誓言[①](在那个小学，我的政治生涯以3年级副班长评选的失败而告终)。

誓言始于一份声明：

> 我们认为这些真理是不言而喻的：
> 所有人都可以进行创新；
> 他们被赋予了某些不可剥夺的能力；
> 其中包括好奇、创造力，
> 以及对成长的追求。

---

① “我保证尽力去做好……准时报到，尽心完成岗位职责，尽力防范事故的发生，严以律己，听从巡逻队老师与其他巡逻官的指挥，及时汇报危险的行为举止，努力赢得同学们的尊敬。”谢谢互联网让我查到了原文。

表 C－1

28 天创新课程				
天		每日提示	中心问题	一句话简答
第1周：发现机遇	1	早做准备	我如何知道现在是创新的时候了？	观察早期的预警信号，因为创新的迫切性与创新能力呈反比关系。
	2	记住，客户才是老板	我如何发现创新的机会？	从客户才是老板的视角去思考。
	3	完成工作	什么预示了一次创新的机遇？	寻找一项重要且没能让客户满意的任务，或者一个客户目前无法充分解决的问题。
	4	开发没有形成消费的市场	我的目标客户是谁？	寻找正面临阻碍，无法完成任务的“非客户”人群。
	5	发现弥补行为	我如何找到隐匿的机遇？	考虑瞄准补救行为，即一个人用来弥补目前不完善的解决方案的方式。
	6	尽可能地接近真实场景	我如何调研潜在的机遇？	从深入观察或人文研究开始；绝对避免小组讨论的方式。
	7	不要盲目创新	我如何确定我发现的这个机遇是真的？	花时间去了解你希望瞄准的市场——经常问自己，为什么那些很聪明的人没有抓住这个对你来说如此显而易见的机遇。

（续表）

28 天创新课程				
天		每日提示	中心问题	一句话简答
第2周：为创新点子绘制蓝图	8	找到交叉点	如何获得创意的灵感？	找到交叉点，就可以自由地从其他情境中借鉴灵感。
	9	四处找点子	我去哪里找灵感？	在寻找新点子前，要先快速地搜索所有可能的途径。
	10	记住：质量是相对的	我的创意质量高吗？	质量是相对的，只有在充分了解什么对目标客户最重要后，才能决定其质量的高低。
	11	避免过度	有没有过于好的东西？	如果你所提供的产品的特性是你的客户想要的，但其价值不值得他们花费更多，那你就可能为你的目标市场做得过头了。
	12	做得与众不同	什么是颠覆性创新？	颠覆性创新创造出新的市场，或是以简化、便捷、低价、易获取的途径对现有市场进行转型。
	13	领悟商业模式的创新	商业模式是什么？我如何创新？	商业模式指企业创造、获取、传递价值的方式；在一个宽泛的范围内对这些商业模式进行系统化考虑，可以帮助实现商业模式的创新。
	14	整合	如何为我的工作绘制具体的蓝图？	“不要只是干活——站一会儿”；退一步，将你的工作整合到一份完整的计划里。

（续表）

28 天创新课程				
天		每日提示	中心问题	一句话简答
第3周：评估测试创新点子	15	由模式指引、由行动决定	我如何区分好主意和坏主意？	用模式指引方向，判断一个点子是否在往好的方向发展，然后做一些试验来确认你的“方向感”对不对。
	16	计算点子的“4 个 P 值”	用什么方法可以快速估算出我的点子有多少金融潜力？	可以将人数、渗透率、价格与购买频率相乘，来快速洞察一个点子的潜力。
	17	对成功实行逆向工程法	我如何识别出一个点子的最重要的设想？	确定成功的标志，然后找出取得成功必须要做的 2 件最关键的事情。
	18	测试关键性设想	我如何进一步认识自己点子的正确性？	测试是了解目前的关键性设想是否正确并确定新设想的最佳方法。
	19	把点子带入现实生活	我如何能吸引人们支持我的点子？	用创造性的方法把点子带入现实生活，并形成购买的冲动。
	20	热爱每天做试验	我如何能擅长做试验？	始终寻找办法每天做试验。
	21	细致地辨别意料之外的情况	我如何能在试验中获得正确的信息？	仔细查看原始数据，重点关注意料之外的发现。

（续表）

28天创新课程				
天		每日提示	中心问题	一句话简答
第4周：往前推进	22	接受选择性紧缩	我应该对创新投资多少？	接受选择性紧缩，即紧凑的时间表、单一的决策者和有限制的战略选择。
	23	扩充你的资源	我去哪里能找到创新资源？	合理使用外部资源，同时重新规划现有资源。
	24	挣脱“核心的吸食之声”	我如何能挣脱“核心的吸食之声”？	积极的领导、全新的声音、安全的区域以及巧借精华，有助于创新者挣脱“核心的吸食之声”。
	25	处理分界面	我如何处理新业务与核心业务之间的分界面？	利用一些技巧来确保你不会又偶然想起你努力要忘记的。
	26	奖励行动，而非结果	我如何激发与奖励创新？	把奖励创新结果转换为奖励正确的行动，哪怕其结果并不成功。
	27	快速取得赢利	我如何创造动力？	快速取得一些赢利，确保午夜钟声响起时所有的努力都不会被抹杀。
	28	熟能生巧	我如何能系统地、更好地进行创新？	你必须置身于不断练习核心创新技能的环境中。

我非常相信这份声明。每个人都有能力成为成功的创新者。

接下来是加强本书中课程作用的七个简单的方法。

我承诺尽我所能：

(1) 花 3 倍于以前的时间了解我的客户。

(2) 时常问自己："为什么？""为什么不？""如果……会怎么样？"

(3) 努力做到每天做 1 个试验。

(4) 总是寻找不花钱就能学习更多的途径。

(5) 找到交界面。

(6) 给我认识的喜欢打破常规的人打电话，请他介绍他所认识的喜欢打破常规的人。

(7) 教 1 个朋友 3 条重要的创新经验。

遵照创新者誓言去做，你在 28 天创新课程里所学习的内容会得到进一步的强化。衷心祝愿你创新成功！

附录

拓展阅读

很显然,第 1 部分第 2 章中所介绍的创新大师们并没有垄断全部的有趣的想法。你可以从以下书中读到更多有帮助的信息:

- Dan Ariely, *Predictably Irrational: The Hidden Forces That Shape Our Decisions* (New York: Harper, 2008)(一本简单易懂的行为心理学入门读物)
- Amar Bhidé, *The Origin and Evolution of New Businesses* (New York: Oxford University Press, 2000)(对于初创企业的真实情况有详细的描述)
- Robert Burgelman, *Strategy Is Destiny: How Strategy-Making Shapes a Company's Future* (New York: Free Press, 2002)(详尽论述了应急战略的原理)
- Chip Heath and Dan Heath, *Made to Stick: Why Some Ideas Survive and Others Die* (New York: Random House, 2007)(采用何种方式进行概念的沟通可以使创意更具凝聚力); Chip Heath and Dan Heath, *Switch: How to Change Things When Change Is Hard* (New York: Broadway Books, 2010)(如何驱动行为的改变)

• Guy Kawasaki, *The Art of the Start: The Time-Tested, Battle-Hardened Guide for Anyone Starting Anything* (New York: Portfolio, 2004)(开创新业务的提示与技巧); Guy Kawasaki, "How to Change the World: A Practical Blog for Impractical People," http://blog.guykawasaki.com(一篇广受欢迎的博文);以及盖伊·川崎所著的其他所有内容。

• W. Chan Kim and Renée Mauborgne, *Blue Ocean Strategy: How to Create Uncontested Market Space and Make the Competition Irrelevant* (Boston: Harvard Business School Press, 2005)(可以帮助创新者发现新市场空间的更多想法与工具)

• Mark W. Johnson, *Seizing the White Space: Business Model Innovation for Growth and Renewal* (Boston: Harvard Business Press, 2010)(约翰逊是我的同事兼朋友,他的著作在业务模式创新这样的重要课题方面都是很棒的读物)

• David Kord Murray, *Borrowing Brilliance: The Six Steps to Business Innovation by Building on the Ideas of Others* (New York: Gotham Books, 2009)(一本我读过的利用简单原理提供有用想法的最好的书)

• Alexander Osterwalder and Yves Pigneur, *Business Model Generation: A Handbook for Visionaries, Game Changers, and Challengers* (New Jersey: John Wiley & Sons, 2010)(一本设计精良的书,配备完善的工具组来帮助创造新的业务模式)

• Philip Rosenzweig, *The Halo Effect ... and the Eight Other Business Delusions That Deceive Managers* (New York: Free Press, 2007)(思维缜密的评论揭穿了一系列看似具有很高学术性的发现)

• Peter Sims, *Little Bets: How Breakthrough Ideas Emerge from Small Discoveries* (New York: Free Press, 2011)(一本非常实用的关于应急战略原理的书)

对 28 天创新课程内容感兴趣的人可以再阅读以下书籍(有一些在本书中已经提到过)。

第 1 周　发现机遇

• Steven Johnson, *Where Good Ideas Come From: The Natural History of Innovation* (New York: Riverhead Books, 2010)

• A. G. Lafley and Ram Charan, *The Game-Changer: How You Can Drive Revenue and Profit Growth with Innovation* (New York: Crown Business, 2008)

• Charlene Li and Josh Bernoff, *Groundswell: Winning in a World Transformed by Social Technologies* (Boston: Harvard Business School Press, 2008)

• Clotaire Rapaille, *The Culture Code: An Ingenious Way to Understand Why People Around the World Buy and Live as They Do* (New York: Broadway Books, 2007)

• Gerald Zaltman, *How Customers Think: Essential*

Insights into the Mind of the Market （Boston：Harvard Business School Press，2003）

第 2 周　为创新点子绘制蓝图

● Scott D. Anthony et al.，*The Innovator's Guide to Growth*：*Putting Disruptive Innovation to Work* （Boston：Harvard Business Press，2008）（特别是第 5 章“发展破坏性的想法”）

● Chip Heath and Dan Heath，*Made to Stick*：*Why Some Ideas Survive and* Others Die（New York：Random House，2007）

● Frans Johansson，*The Medici Effect*：*Breakthrough Insights at the Intersection of Ideas*，*Concepts*，*and Cultures* （Boston：Harvard Business School Press，2004）

● Steven Johnson，*Where Good Ideas Come From*：*The Natural History of Innovation* （New York：Riverhead Books，2010）

● W. Chan Kim and Renée Mauborgne，*Blue Ocean Strategy*：*How to Create Uncontested Market Space and Make the Competition Irrelevant* （Boston：Harvard Business School Press，2005）

● David Kord Murray，*Borrowing Brilliance*：*The Six Steps to Business Innovation by Building on the Ideas of Others* （New York：Gotham Books，2009）

• Alexander Osterwalder and Yves Pigneur, *Business Model Generation: A Handbook for Visionaries, Game Changers, and Challengers* (New Jersey: John Wiley &Sons, 2010)

第3周 评估测试创新点子

• Steven Gary Blank, *Four Steps to the Epiphany* (San Mateo, CA: Cafepress. com, 2005)

• Vijay Govindarajan and Chris Trimble, *The Other Side of Innovation: Solving the Execution Challenge* (Boston: Harvard Business Press, 2010)

• Rita Gunther McGrath and Ian C. MacMillan, *Discovery-Driven Growth: A Breakthrough Process to Reduce Risk and Seize Opportunity* (Boston: Harvard Business Press, 2009)

• John Mullins and Randy Komisar, *Getting to Plan B: Breaking Through to a Better Business Model* (Boston: Harvard Business Press, 2009)

第4周 往前推进

• Scott D. Anthony et al., *The Innovator's Guide to Growth: Putting Disruptive Innovation to Work* (Boston: Harvard Business School Press, 2008)

• Clayton M. Christensen and Michael E. Raynor, *The Innovator's Solution: Creating and Sustaining Successful*

Growth (Boston: Harvard Business School Press, 2003)

- Jeffrey Dyer, Hal Gregersen, and Clayton Christensen, *The Innovator's DNA: Mastering the Five Skills of Disruptive Innovators* (Boston: Harvard Business Review Press, 2011)

- Richard N. Foster and Sarah Kaplan, *Creative Destruction: Why Companies That Are Built to Last Underperform the Market, and How to Successfully Transform Them* (New York: Currency/Doubleday, 2001)

- Vijay Govindarajan and Chris Trimble, *Ten Rules for Strategic Innovators: From Idea to Execution* (Boston: Harvard Business School Press, 2005)

- Guy Kawasaki, *The Art of the Start: The Time-Tested, Battle-Hardened Guide for Anyone Starting Anything* (New York: Portfolio, 2004)

- Morgan McCall, *High Flyers: Developing the Next Generation of Leaders* (Boston: Harvard Business School Press, 1998)

- Michael L. Tushman and Charles A. O'Reilly III, *Winning Through Innovation: A Practical Guide to Leading Organizational Change and Renewal* (Boston: Harvard Business School Press, 2002)

注 释

引言 我的创新之旅

《达特茅斯日报》的互联网战略：Charles Davant，“The D，Launching On-Line Version，Enters Cyberspace，” *The Dartmouth*，May 23，1995，http：//thedartmouth. com/1995/05/23/news/the.

第 1 章 创新的必备知识

关于托马斯·爱迪生的背景介绍：Randall E. Stross，*The Wizard of Menlo Park：How Thomas Alva Edison Invented the Modern World*（New York：Crown，2007).

“创新”的定义：Hutch Carpenter，“25 Definitions of Innovation，” *Blogging Innovation*，August 25，2010，www. business-strategyinnovation. com/wordpress/2010/08/25-definitions-of-innovation/.

会计师名人堂：Fisher College of Business，Ohio State University，“The Accounting Hall of Fame，”http：//fisher. osu. edu/departments/accounting-and-mis/the-accounting-hall-of-fame/.

宝洁公司对“创新”的定义：Bruce Brown and Scott D. Anthony，“How P&G Tripled Its Innovation Success Rate，”

Harvard Business Review, June 2010.

"战略思考能提供承诺也能产出威胁"：Andrew S. Grove, *Only the Paranoid Survive: How to Exploit the Crisis Points That Challenge Every Company* (New York: Currency, 1996).

缩短企业寿命：Richard N. Foster and Sarah Kaplan, *Creative Destruction: Why Companies That Are Built to Last Underperform the Market—And How to Successfully Transform Them* (New York: Currency/Doubleday, 2001).

荷丽的笔记本电脑：Scott D. Anthony, "Lessons from My Daughter's Laptop," *Harvard Business Review Blog Network*, April 14, 2011, http://blogs.hbr.org/anthony/2011/04/lessons_from_my_daughters_lapt.html.

《为人父母》案例研究：William A. Sahlman, "Parenting Magazine," Case 9-291-015 (Boston: Harvard Business School, 1990).

创新者的基因研究：Jeffrey Dyer, Hal Gregersen, and Clayton M. Christensen, "The Innovator's DNA," *Harvard Business Review*, December 2009; and Jeffrey Dyer, Hal Gregersen, and Clayton M. Christensen, *The Innovator's DNA: Mastering the Five Skills of Disruptive Innovators* (Boston: Harvard Business Review Press, 2011).

好莱坞卖点：Chip Heath and Dan Heath，*Made to Stick*：*Why Some Ideas Survive and Others Die*（New York：Random House，2007）.

第2章　创新大师

史蒂夫·布兰克：Steve Gary Blank，*Four Steps to the Epiphany*（San Mateo，CA：Cafepress.com，2005）.

克莱顿·克里斯坦森：Clayton M. Christensen，*The Innovator's Dilemma*：*When New Technologies Cause Great Firms to Fail*（Boston：Harvard Business School Press，1997）；Clayton M. Christensen and Michael E. Raynor，*The Innovator's Solution*：*Creating and Sustaining Successful Growth*（Boston：Harvard Business School Press，2003）；Clayton M. Christensen，Scott D. Anthony，and Erik A. Roth，*Seeing What's Next*：*Using Theories of Innovation to Predict Industry Change*（Boston：Harvard Business School Press，2004）；Clayton M. Christensen，Curtis W. Johnson，and Michael B. Horn，*Disrupting Class*：*How Disruptive Innovation Will Change the Way the World Learns*（New York：McGraw-Hill，2008）；Clayton M. Christensen，Jason Hwang，and Jerome Grossman，*The Innovator's Prescription*：*A Disruptive Solution for Health Care*（New York：McGraw-Hill，2009）.

彼得·德鲁克：Peter F. Drucker，"The Discipline of Innovation，" *Harvard Business Review*，May-June 1985；

Peter F. Drucker, *Innovation and Entrepreneurship* (New York: HarperCollins, 1985).

托马斯·艾尔瓦·爱迪生: Stross, *The Wizard of Menlo Park*.

理查德·佛斯特: Foster and Kaplan, *Creative Destruction*; Richard N. Foster, *Innovation: The Attacker's Advantage* (New York: Summit Books, 1986).

维贾伊·戈文达拉扬: Vijay Govindarajan and Chris Trimble, *Ten Rules for Strategic Innovators: From Idea to Execution* (Boston: Harvard Business School Press, 2005); Vijay Govindarajan and Chris Trimble, *The Other Side of Innovation: Solving the Execution Challenge* (Boston: Harvard Business School Press, 2010); Jeffrey R. Immelt, Vijay Govindarajan, and Chris Trimble, "How GE Is Disrupting Itself," *Harvard Business Review*, October 2009.

比尔·詹姆斯: Bill James, *The New Bill James Historical Baseball Abstract* (New York: Free Press, 2001); Scott D. Anthony, "Major League Innovation," *Harvard Business Review*, October 2009.

A. G. 拉夫雷: A. G. Lafley and Ram Charan, *The Game-Changer: How You Can Drive Revenue and Profit Growth with Innovation* (New York: Random House, 2008);

A. G. Lafley, "What Only the CEO Can Do," *Harvard Business Review*, May 2009.

罗杰·马丁: Roger L. Martin, *The Opposable Mind: How Successful Leaders Win Through Integrative Thinking* (Boston: Harvard Business Press, 2007); Roger L. Martin, *The Design of Business: Why Design Thinking Is the Next Competitive Advantage* (Boston: Harvard Business Press, 2009).

迈克尔·莫布森: Michael J. Mauboussin, *More Than You Know: Finding Financial Wisdom in Conventional Places* (New York: Columbia University Press, 2007); Michael J. Mauboussin, *Think Twice: Harnessing the Power of Counterintuition* (Boston: Harvard Business Press, 2009).

芮塔·麦格雷丝: Rita Gunther McGrath and Ian C. MacMillan, "Discovery-Driven Planning," *Harvard Business Review*, July-August 1995; Rita Gunther McGrath and Ian C. MacMillan, *Discovery-Driven Growth: A Breakthrough Process to Reduce Risk and Seize Opportunity* (Boston: Harvard Business Press, 2009).

约瑟夫·熊彼特: Joseph R. Schumpeter, *Capitalism, Socialism, and Democracy* (New York: Harper & Brothers, 1942).

第3章 创新的拉什莫尔山

"客户几乎不会买": Peter F. Drucker, *Managing for*

Results (London: William Heinemann Ltd. , 1964).

多条爱迪生的名言: Gerald Beals, "Thomas Alva Edison 'Quotes,'" Thomas Alva Edison, American Inventor, 1847–1931, Web site, 1996, www. thomasedison. com/quotes. html.

"脸书是以人为中心的,不是以照片为中心的": James Joaquin, quoted in Jefferson Graham, "Facebook's 'Tagging' Option Is a Big Hit with Photo Sharing," *USA Today*, September 23, 2009, www. usatoday. com/tech/news/2009-09-22-facebook-photo-sharingtagging_N. htm.

第 4 章　创新的 7 种致命伤

《经济学人》杂志上关于刀片数量的图表:"The Cutting Edge," *The Economist*, March 16, 2006, www. economist. com/node/5624861? story_id=5624861.

致命伤之贪食: James Clayton, Bradley Gambill, and Douglas Harned, "The Curse of Too Much Capital: Building New Businesses in Large Corporations," *McKinsey Quarterly*, no. 3 (August 1999).

致命伤之嫉妒: Govindarajan and Trimble, *The Other Side of Innovation*.

致命伤之愤怒: Daniel Pink, *Drive: The Surprising Truth About What Motivates Us* (New York: Riverhead Books, 2009).

第1周 发现机遇

第1天

关于邮局的信息：Scott D. Anthony，"The Key to Spotting Disruption Before It Happens，" *Harvard Business Review Blog Network*，May 4，2010，http：//blogs. hbr. org/anthony/2010/05/the_key_to_spotting_disruption. html.

增长鸿沟死亡螺旋：Christensen and Raynor，*The Innovator's Solution*，chapter 9.

"如果到了明明白白写在墙上的时候"：Christensen et al.，*Seeing What's Next*，conclusion.

法拉奇在新闻行业大会上：Rich Edmonds，"Timely Tough Love for the Industry，" PoynterOnline，April 15，2008，http：//legacy2. poynter. org/column. asp? id = 123&aid=141581.

第2天

拉夫雷的话：这段引言来自作者于2008年5月参加在波士顿举行的PDMA与IIR创新前端大会上的讨论。在我撰写并刊登在《战略与创新》上的文章《宝洁改变了游戏规则》里有对这一事件的概述，Scott D. Anthony，"Game-Changing at Procter & Gamble，" *Strategy _ Innovation* 6，no. 4 (2008)，www. innosight. com/documents/protected/SI/JulyAugust2008StrategyandInnovation. pdf. 如需全文，请发邮件向我索取，santhony@innosight. com。

第3天

要做的工作：Clayton M. Christensen, Scott D. Anthony, Gerald Berstell, and Denise Nitterhouse, "Finding the Right Job for Your Product," *MIT Sloan Management Review* 48, no. 3 (2007).

"客户几乎不会买"：Drucker, *Managing for Results*.

第4天

各种类型的没有形成消费的市场：W. Chan Kim and Renée Mauborgne, *Blue Ocean Strategy: How to Create Uncontested Market Space and Make the Competition Irrelevant* (Boston: Harvard Business School Press, 2005); Christensen and Raynor, *The Innovator's Solution*, chapter 4; C. K. Prahalad, *The Fortune at the Bottom of the Pyramid: Eradicating Poverty Through Profits* (Upper Saddle River, NJ: Wharton School Publishing, 2006).

ChotuKool 的故事：Matthew J. Eyring, Mark W. Johnson, and Hari Nair, "New Business Models in Emerging Markets," *Harvard Business Review*, January-February 2011.

第5天

塔塔集团 Nano 车型的故事：Mark W. Johnson, *Seizing the White Space: Business Model Innovation for Growth and Renewal* (Boston: Harvard Business Press, 2010); Scott D. Anthony, "Is the Tata Nano Really 'The People's Car'?" *Harvard Business Review Blog Network*, November 13,

2009，http：//blogs. hbr. org/anthony/2009/11/is_the_nano_really_the_peoples. html.

第6天

“发现任务的任务”：Scott D. Anthony et al.，*The Innovator's Guide to Growth*：*Putting Disruptive Innovation to Work*（Boston：Harvard Business School Press，2008），chapter 4.

第2周　为创新点子绘制蓝图

第8天

从其他领域借鉴与调整：David Kord Murray，*Borrowing Brilliance*：*The Six Steps to Business Innovation by Building on the Ideas of Others*（New York：Penguin Group，2009）.

“1分钟诊所”的背景：Richard Bohmer and Jonathan P. Groberg，“QuickMedx，Inc.，” Case 9-603-049（Boston：Harvard Business School，2002）.

第9天

网飞公司竞赛：Steve Lohr，“A $1 Million Research Bargain for Netflix，and Maybe a Model for Others，” *New York Times*，September 21，2009，www. nytimes. com/2009/09/22/technology/internet/22netflix. html.

第10天

战略布局图：Kim and Mauborgne，*Blue Ocean Strategy*；see also Anthony et al.，*The Innovator's Guide to Growth*，130.

第 11 天

电话服务的例子：Anthony et al.，*The Innovator's Guide to Growth*，69.

吉列公司的例子：Ellen Byron，"Gillette Sharpens Its Pitch for Expensive Razor，" *Wall Street Journal*，October 6，2008，http：//online. wsj. com/article/SB122325275682206367. html.

吉列卫士的例子：Brown and Anthony，"How P&G Tripled Its Innovation Success Rate."

第 12 天

颠覆性技术的概述：Christensen，*The Innovator's Dilemma*；Christensen and Raynor，*The Innovator's Solution*.

第 13 天

苹果公司的营业额：数字来自苹果公司的财务报告，http：//investor. apple. com/sec. cfm.

"商业模式"的定义：Johnson，*Seizing the White Space*.

第 14 天

点子简历：Anthony et al.，*The Innovator's Guide to Growth*，129.

第 3 周　评估测试创新点子

第 15 天

"对于我们的每一次失败"：Scott Cook，quoted in Jena McGregor，"How Failure Breeds Success，" *BusinessWeek*，

July 10，2006.

第 16 天

关于“4 个 P 值”的文章原文：Scott D. Anthony，“The 4 P's of Innovation，” *Harvard Business Review Blog Network*，June 10，2010，blogs.hbr.org/anthony/2010/06/the_4ps_of_innovation.htm.

第 17 天

发现驱动型计划流程：McGrath and MacMillan，*Discovery-Driven Growth*.

第 18 天

整合试验：Clark G. Gilbert and Matthew J. Eyring，“Beating the Odds When You Launch a New Venture，” *Harvard Business Review*，May 2010.

语境电视故事：TVinContext story：Scott D. Anthony，*The Silver Lining：An Innovation Playbook for Uncertain Times*（Boston：Harvard Business Press，2009），103 - 104.

第 19 天

好莱坞卖点：Heath and Heath，*Made to Stick*.

第 20 天

道康宁公司思维试验：Johnson，*Seizing the White Space*，59.

咖啡的故事：Scott D. Anthony，“Innovators：Become Active Experimenters，” *Harvard Business Review Blog*

Network，March 29，2010，http：//blogs. hbr. org/anthony/2010/03/innovators_become_active_experimenters. html.

第21天

证实偏见的例子：A. H. Hastorf and H. Cantril，“They Saw a Game：A Case Study，” *Journal of Abnormal and Social Psychology* 49（1954）：129－134.

群体的智慧：Don Tapscott and Anthony D. Williams，*Wikinomics：How Mass Collaboration Changes Everything*（New York：Penguin Group，2006）；James Surowiecki，*The Wisdom of Crowds*（Anchor：Garden City，NY，2005）.

第4周　往前推进

第22天

稀缺对创新的益处：Anthony，*The Silver Lining*.

资金过多的魔咒：Clayton et al.，“Curse of Too Much Capital.”

希思兄弟的思维试验：Heath and Heath，*Made to Stick*，119－120.

目标与界限工具：Anthony et al.，*The Innovators' Guide to Growth*，27－30.

第23天

理查德·佛斯特的研究：Foster and Kaplan，*Creative Destruction*.

"R与R"案例：Howard M. Stevenson and Jose-Carlos Jarillo Mossi，"R&R，" Case 9-386-019（Boston：Harvard Business School，1985）；Anthony，*The Silver Lining*，chapter 6.

第24天

核心竞争力：C. K. Prahalad and Gary Hamel，"The Core Competence of the Corporation，" *Harvard Business Review*，May-June 1990.

Xiameter网站案例：Johnson，*Seizing the White Space*，chapter 3.

第25天

微软公司的故事：Robert A. Guth，"Microsoft Bid to Beat Google Builds on a History of Misses，" *Wall Street Journal*，January 16，2009；Scott D. Anthony，"Microsoft：Letting Disruption Slip Through Its Fingers，" *Harvard Business Review Blog Network*，January 16，2009，http：//blogs. hbr. org/anthony/2009/01/microsoft_letting_disruption_s. html.

领势与布拉德·安德森的故事：Anthony et al.，*The Innovator's Guide to Growth*，chapter 8.

"如果你真的希望持续地为你的客户服务注入活力"：Jeff Bezos，interview with Innosight，October 13，2008.

第26天

对失败的研究：M. A. Maidique and B. J. Zirger，"New

Product Learning Cycle," *Research Policy* 14 (1985): 299 - 313.

足球教练的未达最佳标准的决定：Mauboussin，*Think Twice*. See also Pigskin Revolution，"Frequently Asked Questions," www. pigskinrevolution. com/aboutus. html.

第27天

克里斯坦森的"滴答的钟"：Christensen and Raynor，*The Innovator's Solution*，chapter 9.

第28天

创新者的基因：Dyer，Gregersen，and Christensen，*The Innovator's DNA*.

索 引

致　谢

如果你读过我以前写的书，你会发现这本关于创新的《28天学创新：袖珍黑皮书》风格与以往不同。这种风格转变的主要原因是我想要把概念表达得更为简明易懂。为了将成功概率最大化，我在此列举一些值得信赖的顾问们所给予的支持。我特别要感谢其中的三位：米歇尔·安东尼(我的姐姐)、利比·吉布森(Lib Gibson)和卡尔·荣恩。米歇尔在2010年下半年两轮快速编辑期间提供的详细评价给予了我极大的帮助。虽然自称是创新新手，但她帮助我确保这本书不用过多的行业术语就清楚地阐述了我的观念。米歇尔还能敏锐地察觉到我用第一人称解释问题时，会不经意产生一些令人觉得推诿的表述。利比对我的第一版手稿给出了坦诚、直接又极有价值的反馈意见(我用一句话向我妻子简单总结了这个反馈，“她恨这手稿”)。利比还详尽地指导我调整语气，以免这本书给人傲慢或轻蔑的印象。28天创新课程的想法也来自利比，她对最终版本给予了肯定——虽然她说我写的几本书中她最喜欢的还是《创新者的应变》。卡尔的评论是在12月中旬作为“提前的圣诞节礼物”寄过来的，非常有用，有好几个部分我直接用在了书稿里。他独特的视角总是那么有价值！哈佛商业评论出版社的团队，特别是蒂姆·苏利文

(Tim Sullivan)、凯文·埃维斯(Kevin Evers)、史蒂芬尼·芬克斯(Stephani Finks)和爱丽森·彼特(Allison Peter)也一如既往地在整个过程中都提供了巨大支持。还要特别感谢一下凯瑟琳·卡尔(Kathleen Carr),她在去西蒙斯学院担任新的职务之前与我一起开启了这次"旅程"。

我要诚挚地感谢创见公司的团队,他们真的很棒!与你们所有人一起共事让我倍感荣耀。我希望在书中充分地体现了众多项目团队所做出的佳绩,以及创见公司培养的日益壮大的思想引领者们的精粹思想与著作内涵。特别要感谢马修·厄林、马克·约翰逊、乔·新菲尔德(Joe Sinfield)、吉姆·道尔特里(Jim Dougherty)、凯文·伯伦(Kevin Bolen)、凯西·奥洛夫森(Cathy Olofson)、塔拉·杨(Tara Young)、哈里·耐尔(Hari Nair)和彼特·邦尼(Pete Bonee),原因我就不一一赘述了,你们都非常明白。

我曾有幸工作过的公司、很高兴建立了联系的客户、与我志同道合并共同努力改变创新世界的实践者与思想引领者,他们都永远是我灵感的源泉。特别感谢奇皮·柏(Chip Bergh)、帕特里克·布莱尔(Patrick Blair)、布鲁斯·布朗(Bruce Brown)、肯·道布勒(Ken Dobler)、布拉德·甘比尔、乔治·格莱金(George Glackin)、大卫·顾莱、维贾伊·戈文达拉扬、梅兰妮·希利(Melanie Healey)、莫里兹奥·马奇希尼(Maurizio Marchesini)、芮塔·麦格雷丝、凯恩·蒙森(Keyne Monson)、伯纳德·尼(Bernard Nee)、J. P. 奥贝塔(J. P. Orbeta)、张铭坚(Teo Ming Kian)、彼特·西蒙斯(Peter

Sims)、大卫·乌尔姆(Dave Ulmer)、考林·瓦兹(Colin Watts)、弗朗西斯·叶欧(Francis Yeoh)和克里斯多夫·兹莱那(Christoph Zrenner)。

我也非常感激一直以来扶助我的导师们——克莱顿·克里斯坦森、克拉克·吉尔伯特和理查德·佛斯特——与他们的每一次谈话都让我得到新的领悟。

最后,当然也是同样重要的是,我要感谢我的家人。我的父母、兄弟姐妹以及众多的亲戚,尽管我远在万里之外,但你们总让我觉得自己离家并不远。特别感谢一下我的兄弟麦克——你知道原因的。当然,还有我的家庭小成员们。查理,你无尽的活力是我取之不尽的灵感之源。荷丽,我的心每天都被你融化。哈利,我们如此愉快地在今年欢迎你来到了这个世界。乔安妮,每次要离开你远行都令我心碎;我出差在外时,与你的每次交谈都令我振奋精神;而每次我踏出机舱返家时,我都觉得浑身是劲儿!继续我们的下一次冒险旅程吧!

斯考特·D.安东尼

新加坡航空820航班14排F座

2011年7月

作者简介

斯考特·D.安东尼(Scott D. Anthony)任创见公司亚太区总裁,常驻创见公司新加坡办事处。他领导创见公司的亚洲主营业务与风险资金投资活动——创见投资公司(Innosight Venture),同时推出了创见的商业原型与中试服务——创见实验室(Innosight Labs)。

斯考特的著作还包括《远见:用变革理论预测产业未来》(*Seeing What's Next: Using the Theories of Innovation to Predict Industry Change*)、《创新者的成长指南》(*The Innovator's Guide to Growth: Putting Disruptive Innovation to Work*)和《创新者的应变》(*The Silver Lining: An Innovation Playbook for Uncertain Times*)。他为包括《华尔街日报》、《哈佛商业评论》、《彭博商业周刊》(*Bloomberg Business Week*)、《福布斯》(*Forbes*)、《斯隆管理评论》(*Sloan Management Review*)、《广告时代》(*Advertising Age*)、《营销管理》(*Marketing Management*)和《首席执行官》(*Chief Executive*)等众多知名期刊撰写过文章。他还是《哈佛商业评论》网站(www. hbr. org)的专栏作家。

斯考特以最优等成绩毕业于达特茅斯大学,获经济学学士学位,之后以优异成绩在哈佛商学院获 MBA 学位,并荣获贝克学者奖。他目前与妻子乔安妮、儿子查理与哈利、女儿荷丽一起生活在新加坡。